邯郸学院教材出版基金资助

中小学班级管理
典型案例

CLASSIC CASE STUDY OF CLASSROOM
MANAGEMENT FOR PRIMARY & SECONDARY SCHOOLS

主　编 ◎ 魏晓红
副主编 ◎ 孙红艳 王亚红 王润平 黄 楠 王 瑞

天津大学出版社
TIANJIN UNIVERSITY PRESS

图书在版编目(CIP)数据

中小学班级管理典型案例 / 魏晓红主编. — 天津：
天津大学出版社, 2019.4
邯郸学院教材出版基金资助
ISBN 978-7-5618-6386-2

Ⅰ. ①中… Ⅱ. ①魏… Ⅲ. ①中小学－班级－学校管
理－案例 Ⅳ. ①G632.421

中国版本图书馆CIP数据核字(2019)第060390号

出版发行 天津大学出版社
地　　址 天津市卫津路92号天津大学内(邮编:300072)
电　　话 发行部:022-27403647
网　　址 publish.tju.edu.cn
印　　刷 天津泰宇印务有限公司
经　　销 全国各地新华书店
开　　本 169mm×239mm
印　　张 15.25
字　　数 314千
版　　次 2019年4月第1版
印　　次 2019年4月第1次
定　　价 29.90元

前言

当今高校的教学改革既注重知识的汲取，也注重能力的提升。案例式教学注重学生能力的培养，强调在教学中以案例为依托，让学生在做中学，以沟通为核心，在学中思，从而体验真实的情境，提升应用能力。

班级管理能力是师范类专业学生必备的职业能力之一。学生只有通过真实的班级管理案例，学习、掌握并灵活运用班级管理策略，才能提高其班级管理能力，促进综合实力的养成，成为未来优秀的管理者。

为此，邯郸学院教师发展中心成立了“中小学班级管理典型案例”项目编写组。项目组成员均为“班级管理”课程教学和中学一线教师，长期从事中小学班级管理和研究工作，为本教材达到适用性和可操作性目标奠定了基础。邯郸市广泰中学的王瑞老师负责编写第二章“班级管理原则”。邯郸学院的王润平老师负责编写第一章“班级目标管理”，魏晓红老师负责编写“引言”和第四章“班级日常管理”，孙红艳老师负责编写第三章“班级组织管理”和第五章“班级活动管理”，王亚红老师负责编写第六章“班级文化建设”，黄楠老师负责编写第七章“班级突发事件管理”。

本书注重培养学生的自主学习能力、分析问题和解决问题的能力，其主要特点如下。

（1）较强的务实性。《中小学班级管理典型案例》一书涉及面广，涵盖了中小学班级管理经常面对的实务管理，例如班级目标管理、班级管理原则、班级组织管理、班级日常管理、班级活动管理、班级文化管理和班级突发事件处理策略，总计105个案例。

（2）过硬的实战性。《中小学班级管理典型案例》一书中的案例来源于中小学真实的故事。学生或许不知道故事的结果，但通过案例学习和讨论，他们进入故事中的角色，通过发现和分析案例中涉及的班级管理问题做出判断和决策，在学习过程中体验、掌握班级管理的相关理论、观点和策略。

(3) 灵活的操作性。《中小学班级管理典型案例》一书共有7章，每章中的15个案例作为学生课下自主学习、课上小组讨论、代表发言、总结班级管理技能和策略的材料。每个案例由“案例”“思考练习”“小组讨论”或“小组活动”和“案例分析” 构成。

《中小学班级管理典型案例》能够出版，离不开邯郸学院的鼎力支持。此外，张路安、卢建辉、王新春、赵丽娟、马晓丽、代金良、刘亮、冯玲玲、吴贝贝、王曦、吴振华、李有庆、王延凯、孙黎丽等教师对本书的编写提出了宝贵的意见和建议。在此，向这些高校、中小学优秀教师和邯郸学院一并深表感谢和敬意。

《中小学班级管理典型案例》有助于解决当今师范类专业班级管理教学案例匮乏、课堂教学重理论轻实践、学生实际操作能力不强等问题。它不仅能为“班级管理”课程实施案例式教学提供保障，揭示班级管理中蕴含的知识与策略，在班级管理理论与实践之间架起了一座桥梁，而且能为“班级管理”课程开展混合式教学和翻转课堂教学改革搭建平台。但因水平有限，书中难免存在一些问题，敬请各位同人和使用者匡正。

“中小学班级管理典型案例”项目编写组
2019年3月

第一章　班级目标管理 001
案例 1：变“乱班”为“先进班” 002
案例 2：“法制”代替“人治” 004
案例 3：“换位”引起的思考 006
案例 4：寻找问题的突破口 009
案例 5：让学生体味成功的甜蜜 011
案例 6：这边风景独好——学生干部的发现 013
案例 7：以法育人 015
案例 8：夸奖留言 018
案例 9：初二学生欲转学 020
案例 10：一粒“子弹”飞来之后 022
案例 11：班级也要有“公示制度” 025
案例 12：随风潜入夜 润物细无声 027
案例 13：“责罚”使学生心里难受 029
案例 14：挽救“困难生” 031
案例 15：与期中考试只考了 8 分的学生谈话 034
第二章　班级管理原则 037
案例 1：不要忽视道德情感价值观的培养 038
案例 2：厚此薄彼 040
案例 3：换个角度 042
案例 4：宽容以待 044

案例 5：倾听是最好的尊重……046
案例 6：细节体现师生情……048
案例 7：学会适时表扬……050
案例 8：老师的“印象病”……052
案例 9：尊重学生的人格……054
案例 10：教育是真诚的体现……056
案例 11：灵活帮助学生……058
案例 12：“递条子”……060
案例 13：收回权力……062
案例 14：一次小型的家长会……064
案例 15：早恋……066
第三章 班级组织管理……069
案例 1：转变班风……070
案例 2：纪律委员的改变……073
案例 3：竞选班委……075
案例 4：班级中的小团体……077
案例 5：班委会的产生……080
案例 6：班级规章制度的形成……082
案例 7：班干部的威信……084
案例 8：反思……086
案例 9：干群关系巧处理……088
案例 10：班干部轮换制……090
案例 11：我来当老师……092
案例 12：人人参与，天天总结……094
案例 13：竞选班长……096
案例 14：我的左膀右臂……098
案例 15：生肖卡……100
第四章 班级日常管理……103
案例 1：班主任上任之前……104
案例 2：量化评价，精细管理……106
案例 3：小组合作学习下的座位编排……108
案例 4：特殊座位——与老师同桌……110

案例 5：巧妙引导，规范行为……112
案例 6：班主任的“自我惩罚”……114
案例 7：捣蛋的学生……116
案例 8：自我检讨，真诚沟通……118
案例 9：过度溺爱带来的烦恼……120
案例 10：从“微信群”到“家长委员会”……122
案例 11：叫家长……124
案例 12：校园公开日……126
案例 13：学会控制情绪……128
案例 14：您剥夺了我受教育的权利……130
案例 15：没有板书的英语课……132
第五章 班级活动管理……135
案例 1：夸赞的力量……136
案例 2：团结合作才能成功……138
案例 3：我爱我家……140
案例 4：“三个一”读书活动……142
案例 5：“兴趣小组”活动……144
案例 6：练特长别丢文化课……146
案例 7：主动沟通……148
案例 8：一次英语竞赛活动……150
案例 9：趣味运动会……152
案例 10：百科知识竞赛……154
案例 11：“衣”我之见……156
案例 12：与快乐同行……158
案例 13：珍爱生命，珍惜水资源……161
案例 14：紧急疏散演练……163
案例 15：一言一行见公德……165
第六章 班级文化建设……167
案例 1：一次别开生面的家长会……168
案例 2：不要忙着立规矩……170
案例 3：真相并不永远都是最重要的……172
案例 4：一次浪漫的评价……175

案例 5：垃圾不落地运动 177
案例 6：班级小干部民主评议会 180
案例 7：座位被拍卖了 182
案例 8：如何“教训”学生 184
案例 9：第一次亮相 186
案例 10：“承诺书”带来的变化 188
案例 11：教育是培养高贵的人 190
案例 12：自己的问题自己解决 192
案例 13：永远不闭馆的“图书馆” 194
案例 14：治标还是治本 196
案例 15：“法不容情”还是“法要容情” 198
第七章　班级突发事件管理 201
案例 1：巧妙运用故事化解突发事件 202
案例 2：教师的偏见 204
案例 3：即兴发挥，机智幽默 206
案例 4：沉着冷静，以静制动 208
案例 5：特别的“访客” 210
案例 6：引用化解尴尬 212
案例 7：意外受伤后 214
案例 8：师生冲突 216
案例 9：在老师眼里，你们都是好孩子 218
案例 10：恼人的手机 220
案例 11：“尴尬”的名字 222
案例 12：捣蛋的“小老虎” 224
案例 13：学生冲突事件 226
案例 14：学生自杀谁之过 229
案例 15：学生被打之后 231
参考文献 234

第一章
班级目标管理

学校的目标应当是培养有独立行动和独立思考的个人，不过他们要把为社会服务看作是自己人生的最高目标。

——爱因斯坦

案例 1

变“乱班”为“先进班”

去年，曙光中学王老师接任了初三年级（2）班的班主任，由于各种原因，这个班已经换了两任班主任和两位任课老师，王老师已经是第三任班主任了。王老师接任后，通过与任课老师的交流、学生的接触和家访，发现这个班不仅学习成绩与同年级其他班差距大，而且“问题学生”多，所以王老师感觉要带好这个班，压力是很大的。

接下来的一周，王老师对这个班进行了细心观察：班里二十来个学生的仪容仪表不符合中学生的要求；上课铃声响后五分钟内，班内学生到不齐；课堂纪律差，吃东西、看小说、随意说话是常事；值日生做值日都是敷衍了事，班级卫生情况极差；班干部本身表现存在问题，起不到模范带头作用；每位任课老师下课后脸上没有一丝幸福感……

通过一星期的接触和冷静的分析，王老师发现该班存在的主要问题有三个。一是缺乏规范的养成，没有一个良好的行为习惯。例如：卫生习惯、听课习惯较差，自由散漫严重，有些违规违纪行为已“习惯成自然”，然而，学生却感觉不到。二是班级缺乏正确的舆论导向，正气不足，凝聚力不强，一些班干部、团员起不到“领头羊”的作用。三是学习目的性不够明确，后进生比例比较大。同时王老师也认识到要带好这样的班级，必须从常规抓起，用新的管理模式来吸引学生。因此，王老师认真制订了班级管理的计划和目标，公开竞选班委，重新成立班委会。第一，学规范，抓规范，从仪表仪容和班容班貌开始。王老师亲自带领值日生打扫卫生，营造良好的环境，树立年级竞争意识，培养班级凝聚力。第二，真诚主动地与班里的“问题学生”加强交流，消除他们的抵触情绪，让他们认识到自己的缺点并加以改正，慢慢地引导他们走向正确的学习道路。第三，放大优点，及时表扬，在班里设置光荣榜，无论是学习成绩还是品行纪律，只要有一点点进步，就给予正面鼓励。最后，搭建平台，通过各种活动增强班级凝聚力，转化后进生，循序渐进达到“班风学风好转，学习成绩提高”的管理目标。

经过王老师几个星期的努力，班里的卫生从全校的倒数第一升至正数第三。从此，同学们也有了动力和积极向上的心态，班里的纪律大为好转，成绩也有了很大的提升，从根本上扭转了班级的“落后”局面。

（资料来源：班级管理案例分析 .http://blog.sina.com.cn/s/blog_be07b60601017ndb.html.）

【思考练习】

1. 这个“问题班”存在哪些问题？
2. 王老师运用什么管理办法扭转了本班级的“落后”状况？
3. 案例中的王老师是如何根据班级特点来制定班级管理目标的？
4. 本案例班级管理体现了师生之间怎样的关系？
5. 班级凝聚力对班级目标管理有哪些意义？

【小组讨论】

结合本案例，讨论班级目标管理包括哪些内容，哪些属于近期目标？哪些属于远期目标？

【案例分析】

案例中的王老师在接任这个“问题班”的班主任后，通过观察、调查、谈话的方式，积极寻找解决问题的方法，并根据该班的特点采用了合理有效的班级管理策略，从根本上改变了这个班的落后状况。从王老师成功的经验中我们不难看到，作为班主任，只有充分掌握了班情和学情，做到心中有数，才能有针对性地去开展工作。为了激发学生的积极性，王老师亲自带领学生打扫卫生，并耐心地给他们讲解环境对人的影响。王老师能和学生平等地交流，说明王老师没有因为他们是所谓的“差班”的学生而戴有色眼镜看待他们。王老师的这种做法拉近了师生之间的距离，让学生感到不再陌生。另外，王老师不放弃班里任何一个学生，与学生进行亲切、耐心的谈话，让每一位学生的内心感到自信，对自己的未来充满成功的希望。正是因为王老师的爱心、耐心以及对有效管理模式的积极探索，才真正改变了这个特殊班级的面貌，实现了争创先进班集体的目标。

案例 2

“法制”代替“人治”

李镇西老师在所任班级尝试“法制”管理。他和学生们一起制订了《班规》。内容包括“学习纪律”“寝室纪律”“清洁卫生”“体育锻炼”“值日生”“班干部”“其他”八个部分，共40条。每一部分又有若干具体的细则，基本上覆盖了班级管理的各个方面、各个环节。《班规》的每一条都写明了执行者，对“执法不严”者也有明确的惩罚规定。

有一次，班级为参加学校歌咏比赛排练节目。担任领唱的张小琳同学不知何故不愿领唱了，李镇西老师反复耐心地给她做工作，可她仍旧不愿领唱。“你不唱就给我滚出去！”最后，李镇西还是忍不住了，话一出口，他便意识到自己过分了。张小琳虽然满脸不高兴，但总算唱了起来。

事后，李镇西老师真诚地向学生道了歉，而张小琳也真诚地说：“不，还是怪我当时使性子……”这件事也就算解决了。

谁料到，李镇西老师第二天早上走进教室，看见黑板上写着一行大字：“李老师昨日发火，罚扫教室一天！”于是，作为班主任的李镇西只好认罚。他说：“看来，面对《班规》，我想赖账也不行！今天放学后，由我扫教室，而且保证教室清洁分数达到10分，否则重扫！”

当天下午放学时，李镇西老师还在市里开会，但他提前匆匆赶回学校。当李镇西走进教室，看见宁玮、赵琼等几个女生正准备打扫教室。他赶紧冲上去夺下她们手中的扫帚，说道：“你们不能扫！今天该我一个人扫！”

后来，李镇西老师说：“班级的日常工作基本上不需要我操心，一切都交给制度。”

（资料来源：“法制”代替“人治”. http://blog.sina.com.cn/s/blog_7133167d0100pgzc.html.）

【思考练习】

1. 李镇西老师为什么提前匆匆赶回学校扫地？

2. 谈谈你对“榜样示范”法的理解。

3. 班主任如何在班级目标管理中建立“权威”？

4. 李老师为什么制定班规?

5. 学生为什么在黑板上书写“李老师昨日发火，罚扫教室一天！”的话语?

【小组讨论】

结合本案例，大家讨论对“国有国法，班有班规”的理解。

【案例分析】

民主原则在制定班级管理规章制度中起着至关重要的作用。有的班主任以个人意志自己制定班规，无视学生的整体意向，导致自定的班规执行一段时间后，因学生不主动遵守，失去了它原有的效力。但是，在本案例中，一方面，我们看到了李镇西老师的管理真正做到了民主化、科学化。他和学生们一起制定的班规不仅涵盖班级管理的方方面面，而且赏罚分明，可操作强，易于接受。另一方面，一旦班规确立，人人都要自觉遵守，不仅参与对他人的管理，也自觉接受他人对自己的监督。作为班主任，李镇西老师带头做到了遵守班规。在他违反了大家一起制定的班规后，他没有因为自己是班主任而例外，而是甘愿接受处罚，积极主动打扫教室卫生，为学生树立了一个遵守班规的榜样。

李老师的以身作则给学生上了一节生动的“民主法制”课。这样，班规的说服力和权威性增强了，同学们更能很好地去遵守它，一旦有触犯班规的行为，也都能心服口服地自觉接受处罚。有了这样的“法制班规”，班级管理就更加有条理，即便没有老师的监管，班级的各项工作也能每天按部就班地正常运行。

案例 3

“换位”引起的思考

李老师是初二年级（3）班的班主任。一天，课间的时候，有几个学生找到她，提出要求调换座位。李老师问他们为什么，这几个学生说出了调座位的理由：有的是因为近视眼，坐得靠后，看不清黑板；有的是与同桌关系不好了，情绪上闹别扭。李老师听了他们调座位的理由，没有反驳，而是略微思考后，立刻答应给他们调座位。

就在此时，又有许多同学跑来也要求调换座位。怎么办？李老师认真思考了一下，要不干脆给他们玩个新“招”！从前都是李老师给学生排座位，这次就让学生“自主”一下，让他们自己自由调座位，也许他们能从中体会到点什么。当李老师在班级里一宣布这个消息时，整个教室沸腾起来了，学生们一边抱着自己的书包，一边拉着自己的好朋友，争先恐后地去抢占自己认为满意的座位。

“自主”调座位后的第一天，学生都在新鲜与兴奋中安然度过。谁知第二天一大早，晨读课刚结束，就有学生跑来李老师办公室，又要调座位。原来才一天工夫，就有学生和同桌闹翻了。到了中午，又有几个要求调座位的。李老师感到奇怪：“昨天你们不是个个感到很满意很高兴吗，怎么今天又要换座位？”李小萌说：“老师，那位子太靠前，我个子高，一天下来脖子搞得酸酸的，我妈说易得颈椎病。”刘磊说：“我不想跟赵强同桌了，他上课老是跟我说话，影响我学习。”正说着，班长王敏跑来说，老师快去看看吧，教室里闹翻了。李老师赶紧来到教室，可不，教室里真的一片混乱。

原打算让他们多尝几天自认为自由的滋味，现在看来应该适可而止了。李老师示意学生安静下来，说：“前几天，许多同学对老师安排的座位不满意，要求换座位。现在，老师满足了大家的愿望，让你们自己选同桌，选座位，为什么还不满意呢？”教室里安静极了。过了一会儿，陈晓静同学站起来说：“我觉得有些同学只顾自己，把好座位占了，那些动作慢的同学只能坐在后面，尤其是那些个子矮的同学坐在最后面，他们什么也看不见，还怎么上课呢，看着就叫人不舒服。”刘颖同学接着说：“有的同学为了和好朋友坐在一起，与原来的同桌吵架，太不应该了。”班长王敏站起来说：“老师，我们都愿意换回原来的座位，一个班级不能没有规矩。”此时，同学们也纷纷表示同意，李老师对这个结果感到满意，脸上流露出会心的笑意。

（资料来源：“换位”引起的思考 . http://wenku.baidu.com/link?url=eP2aJen0JSD_OmS-j_9SDNrc9YALSJqvu_cgg1E3WojS0Eu4iI_JjoHRQnmDYTgB8IC5DIet9hGefWoMJqURRCFEtYvSQKXscLwH_HES7nO.）

【思考练习】

1. 班主任运用了什么管理办法达到他的管理目标？
2. 你能想象出自由换位置前后学生的心理状态吗？
3. 请你说说纪律和自由的关系。
4. 为什么大家自己选的同桌，刚坐一天就又不满意了？
5. 班级规则在班级目标管理中的作用是什么？

【小组讨论】

班主任在班级目标管理中的角色特点是什么？

【案例分析】

英国文学家罗斯金曾说：“生活没有目标，就犹如航海没有罗盘。”班级管理工作亦是如此。每一位班主任的班级管理工作都有一定的班级管理目标。现代班级目标管理理论的核心是将传统的“他控式”的管理方法转变为强调自我、自控的管理方法，是一种以自我管理为中心的管理。如何引导学生学会自律，引导全体学生自主制定班级目标，把班级的目标变为自己的目标需要班主任的智慧和艺术。学生的成长和认识是需要时间去“经历”的，没有“经历”，孩子们很难真正地认识世界和健康成长。

本案中的班主任本着让学生自我成长的原则给了学生一定的

时间去认识自我管理与班级目标管理两者之间的关系，去体会每一个人在班级管理中的作用和重要性，去领会班级制度的作用和重要性。只有真正成长了，学生才会形成集体凝聚力，产生积极向上、团结奋斗的愿望，产生实现班级目标的巨大力量。学生自主“换位”有利于调动学生的主人翁意识，为建构民主型班级创造条件，但是需要注意的问题是，在这个过程中班主任要引导学生注意此活动方案的制定、实施和保障措施等。如果“换位”仅仅是老师为了“制服”学生而故意实施的伎俩，其出发点不是尊重学生，其效果也不会从根本上有利于问题的解决。

案例 4

寻找问题的突破口

今年李老师接手初中一年级（6）班。全班有50个学生，男生仅占全班人数的三分之一。按理说，这样一个班级，管理起来应该不难，但情况偏偏相反。接班以后李老师才发现，虽然该班男生比较少。但男生个个都是班里的活跃分子，而且经常凑到一起打架。如何解决这样的问题呢?

李老师找到调皮的“小头目”赵会生，与他进行谈话。从谈话中了解到，赵会生很有号召力，不仅是男生，班上的女生也非常听他的话。因此，每次轮到他值日，班里的卫生就特别好。抓住这一点，李老师给他布置了一个任务，在第二天的大扫除中，女同学休息，由他带领男生进行大扫除。他开始有点犹豫，后来在李老师“糖衣炮弹”的轮番轰炸下，他欣然答应，并且许诺一定完成任务。

第二天，李老师与赵会生一起给男生布置了劳动任务，当然，主要还是赵会生布置，李老师只是从旁参谋。劳动过程中，男生在赵会生的带领下，干得特别卖力，有几个男生拿起扫帚刚要吵闹，就被他制止住了。看到这样的情况，李老师暗自高兴，看来这个方法奏效了。

随后，李老师跟赵会生讨论管理班级的方法，也跟他说了当班主任的苦恼。赵会生很懂事，还答应做李老师的小助手，和老师一起管理好班级，并提出了一些建议。借此机会李老师教他如何才能做好一个真正的管理者，如何才能在同学当中提高威信。经过一段时间的努力，李老师发现同学来告状的次数明显减少了，班风班貌有明显改进。

（资料来源：班级文化建设成功案例．http:// wenku.baidu.com/view/1b2a4b79f121dd36a32d82d0.html?from=search.）

【思考练习】

1. 李老师为什么选赵会生做学生的“头”？
2. 为什么让赵会生当“头”，他就不捣乱了？

3. 你认为李老师是优秀班主任吗？为什么？

4. 结合教学实际，谈谈“尊重学生”在班级目标管理中的作用。

5. 如何塑造与培养班级学生的健全人格？

【小组讨论】

谈一谈为了调动赵会生的工作积极性，李老师采用了哪些策略。

【案例分析】

在班级管理过程中，调动学生的主动性是实现班级管理目标的关键。只有学生把班级当成自己的班级，把班级事务当成自己的事务，把班级管理目标当成自己的目标，做到心往一处想，劲往一处使，学生们对班级目标和价值理解得越深，目标实现的可能性越大，学生在活动中的积极性也就越高。那么如何调动学生班级管理的主动性？答案就是有针对性、有方向性地“放权”。“放权”意味着相信学生，“放权”意味着尊重学生，“放权”也意味着把成长的权利还给每个学生自己。案例中的赵会生同学对班级管理工作的认识需要一个过程，这个过程就是老师“放权”让他自我体会的过程。在这个过程中，他发现了自己在管理工作中的能力，看到了班级管理工作的难点，也认识到自己在班级中的作用和位置。这些认识会成为他成为实现班级管理目标的动力。为了这个共同的目标，该生会渐渐地把“他律”转变为“自律”。如果全班的学生都这样，班风自然会好很多。当然，有时候事情的发展不像我们想象得那么“自然”。在这个过程中，学生的认识和行为会有反复，但是教育的规律就是，每一次“反复”都是一次契机，老师要保护好学生成长的每一次“契机”，让学生越来越自信，越来越认识到自己的方向。

案例 5

让学生体味成功的甜蜜

中华巷中学初二年级（3）班有一个叫王飞的学生，经常因懒惰而不做作业。班主任张老师找他谈话，他答应今天一定完成，但到第二天检查时他却没有完成。张老师无论是“哄”还是“吓”，他都以“不变应万变”。怎么办？不断的失败使张老师不得不重新考虑转化他的方法。一天放学之前，张老师又找到王飞，与往常不同的是，当王飞表态：今天一定完成作业后，张老师进一步问他：你如何确保作业一定完成呢？他说：“今天一定抓紧时间做。”

这方法虽毫无创意，但对他而言很实用，没想到他真能照此方法去做，真的按时完成了作业。此时，张老师趁热打铁，对着全班同学说：“同学们，现在老师要表扬王飞同学，他今天按时完成了作业。他有一个非常宝贵的经验。你们想听听他的介绍吗？”大家都说想听。于是，张老师让王飞当众做了介绍。虽然这经验非常简单，可对王飞来说却有着非同一般的意义，也许是因为他第一次在全班同学面前介绍经验，言语中掩饰不住内心的激动。听完他的介绍，教室里响起了热烈的掌声。听到这掌声，他脸上洋溢着笑容。张老师知道他体验到了完成作业的甜蜜。

放学了，张老师又找到了他，对他说：“以后的作业能按时完成吗？”他说：“能！”他的语气很坚定，张老师说：“我相信你一定不会令老师失望的！”

从此以后，王飞果然把作业做得非常认真、正确。张老师再也没有因为不做作业而找过他。这事过去很久了，但对张老师的启示是很深刻的。它告诉人们一个道理，对于那些尝够了失败的苦涩滋味的“学困生”来说，如果能让他们提前品尝到成功的甜蜜，那么就能有效地帮助他们树立走向成功的信念，从而激励他们不断走向成功。

（资料来源：万伟丰．让学生体味成功的甜蜜．http://wenku.baidu.com/view/b8c5ff0180eb6294dc886caf.html?from=search.）

【思考练习】

1. 张老师为什么没有放弃对王飞同学的帮助？
2. 王飞按时完成作业的成功经验是什么？
3. 同学们的掌声对王飞起到了什么作用？
4. 王飞的学习态度发生了什么转变？
5. 张老师运用了什么管理方法？

【小组讨论】

结合教学实际，讨论“赏识教育”对“学困生”转化的作用。

【案例分析】

法国教育家卢梭说过：“表扬学生微小的进步，要比嘲笑其显著的劣迹高明得多。”案例中的王飞同学有一些缺点，并且常常屡教不改。如果老师就此放弃了对他的教育，这不利于实现其班级管理目标。班主任张老师能够尊重学生的人格，关注个体差异，善于发现学生的优点，并适时地转变教育方法，恰到好处地创设引导学生主动参与的教育环境，有助于激起学生学习的斗志，鼓足学生前进的勇气，以达到转化“学困生”的目的，从而改善班级管理状况。因此，在班级管理过程中，班主任老师要注意工作方法的创新，不断总结班级管理经验，对每个学生的优点都要善于赏识，特别是对“学困生”，要尽力挖掘他们的闪光点，肯定哪怕是小小的一点进步，让他们享受学习的喜悦，增强自信心，从而达到提高整个班级管理水平的目的。

案例 6

这边风景独好——学生干部的发现

汉华中学初二年级（5）班第二学期开学的时候，从外校转来一个叫谢鑫郁的新生。刚开始，班主任孙老师根本没关注这个其貌不扬的女生，但她很快发现，在制定班级班规、班级发展目标时，作为普通学生的谢鑫郁却积极出谋划策。在开学初出黑板报时，孙老师看到她又是画又是写，便逐渐开始关注她。以后班级每项活动中，孙老师都能看到她活跃的身影。期中考试结束后，孙老师找她详谈了一次。老师问她："如果有机会的话，你愿意做班干部，帮助老师管理班级吗？"她惊讶地看了老师一眼，似乎不敢相信自己听到的，她说："老师，我刚转学过来，成绩也不太好。我能当好班干部吗？"孙老师说："老师看中的是你的人品和做事能力。当然，成绩也是一方面，假如你做了班干部，你可以再把自己的成绩提升一下嘛！"听完老师的话，她激动得脸都红了，"老师，我愿意！"这一刻，班主任内心很欣慰，知道自己找对人了。

在接下来的班干部改选中，孙老师直接点了谢鑫郁的名，准备让她做班级的组织委员，负责组织班级的各项活动，但却发现她不是团员，于是，让她担任了班级的文娱委员。果然，她不负老师所望，她所做的工作远远超出了当时老师对她的期望。第二学期期末时，她的成绩由原先的 25 名跨越到第 7 名，以后一直保持前几名的名次。后来，她积极申请入团，并成为了一名团员。现在，她已被选进了学生会，各项成绩考核都很优秀。

（资料来源：这边风景独好——学生干部的发现 .http://ktzx.lyvec.net/show.aspx?id=2059&cid=407.）

【思考练习】

1. 为什么谢鑫郁学习成绩不太好，班主任却选她当班干部？
2. 谢鑫郁当班干部的勇气来自何处？
3. 班主任是如何“慧眼识珠”的？
4. 选择班干部的标准是什么？
5. 谈一谈班干部培养在实现班级目标中的作用。

【小组讨论】

谈谈你对“教师的一句话很有可能会影响学生的一生，也有可能会伤了学生一辈子的心”的理解。

【案例分析】

在班级管理中，单靠班主任一个人的力量是无法完成班级管理目标的，还需要培养得力的班干部来协助完成。班干部的作用十分重要，他们不仅是班集体的核心和顶梁柱，而且也是班主任管理班级的左膀右臂。因此，在选择班干部的时候一定要慎重。这要求班主任时刻有一双“慧眼”，善于观察发现有能力的学生。通常来说，班主任习惯于选择学习成绩好的学生。而本案例中，班主任孙老师并不只是看重学生的学习成绩，更重要的是注重学生的品行和能力，善于观察细节，发现学生的优点，并给予学生充分的信任。经过孙老师不断的培养，谢鑫郁同学作为班干部不仅提升了管理能力，而且在学习成绩上也有了很大的提高，真正起到了模范带头作用，成为老师的好帮手，更好地帮助老师实现了班级管理目标。

案例 7

以法育人

今天，光明南小学六年级（1）班班主任王老师像往常一样，一上班就走进教室。当发现一条被拆卸后用透明胶扎好了的板凳放在教室过道的正中央时，王老师问到："这板凳是谁的？"学生赵丁说："是我的，板凳是被史磊拆坏的。"等到预备铃响后，史磊和其他几位要好的同学进来了。王老师把史磊叫了出来，问道："赵丁的板凳被人弄坏了，你中午在教室里，知道是谁干的吗？"史磊很冲地说了一句："是我干的！""嗯，那你把情况讲给我听听吧。"史磊说了一串粗话后说："我看他不爽很久了，有本事做了就要承认。他踩了我板凳一个脚印，我就拆他板凳！"史磊怒气冲冲地说道。"你板凳上脚印是怎么回事？你怎么知道是赵丁踩的？""我早上进教室时，板凳上有一只脚印，下课时，我和唐辉（班中史磊的好友）要求所有同学脚抬起来给我们查看。全班都肯给我对脚印的，就他不肯，不是他是谁。我今天只拆了他的板凳算对他客气的了，试试看，我不会放过他的！"他撂下狠话。

当时王老师的怒火就被他的言语给挑起来了，恨不得把他狠狠地批评一顿不可，但转念一想：他的脾气比较暴躁，且吃不得亏，总想着别人不能对不起他，他没错。假如今天我直接批评他，他肯定听不进去，说不定还会对我的教育产生反感情绪，甚至以其他极端的手段来报复那位同学，后果不堪设想。王老师定了定神，控制住自己的情绪，脑中迅速地想着解决办法。他忽然想起本周班级正要开一次法制教育的主题班会，其中有一个"丢钱搜身"的案例就和今天的事很相似，就从这入手。

王老师对史磊说："老师昨天布置的作业做了吗？故事中的小宇在丢钱后是否有权要求全班的同学接受搜查？小宇指明一同学是小偷，他的做法对不对？这和你今天做的事情性质一样，你和故事中的小宇犯了同样的错误。你知道吗？"史磊很迷茫地问我："他犯了什么错误？""那就是小宇没有权力要求全班的同学接受检查，因为法律保护公民的人身自由权利，未经法定程序，任何人都无权搜查他人身体。其次，小宇未经证实就指明一同学是小偷，是不对的，因为在未有足够的证据之前，不能随意污蔑他人，这是侵犯了他人的名誉权。所以，你今天的行为也已经犯法了。"史磊沉默了，王老师静静地等着。良久以后，史磊抬起头，轻轻地向王老师说道：“老师，我错了，今天我太冲动了！你平日里跟我说的话，我也没怎么听进去，总觉得你好像在针对我似的。昨天你让我们回去思考，我根本就没把它当回事，原来我错得很离谱。以后我会听您的话的，您放心……”

（资料来源：陈娟．依法育人．http://ktzx.lyvec.net/show.aspx?id=2059 &cid =409.）

【思考练习】

1. 史磊的行为属于校园暴力事件吗？
2. 为什么史磊没有认识到自己的行为是违法的？
3. 为什么史磊很快认错了？
4. 本案例中，班主任运用了什么教育方法？
5. 你认为王老师在处理这件事时高明之处在哪里？

【小组讨论】

结合本案例谈谈法制教育在班级管理中的作用和班级管理普法的重要性。

【案例分析】

在事件发生的过程中，班主任冷静地控制了自己的情绪，避免了与性格直率鲁莽的学生直接发生面对面的言语冲突。这既是对自己的保护，也是对学生的尊重。老师采用冷处理的方式方法，维护了双方的自尊心，为了不直接激化矛盾，从类似事件入手对史磊同学晓之以理，动之以情。在和老师一起分析“丢钱搜身”的案例过程中，史磊提出“他犯了什么错误”这样的问题，这说明了现在部分学生对法律知识的缺乏。王老师就势利导，点出史磊同学的错误之处，以理服人，讲明道理，这种办法易于像史磊这样的学生接受，起到事半功倍的效果。

现在的小学高年级学生，容易争强好胜，缺少基本的法律常识、安全知识和自我保护意识，分不清什么行为是过激的行为，什么行为属于正当防卫，常常凭感情用事，不计后果。因此，加强青少年的法制安全教育也是班主任工作的重点之一。班主任要经常教育学生不仅知法懂法，还要学会守法和用法，做一个遵纪守法的学生，养成良好的行为习惯，从而达到让法律和文明伴随学生的成长、构建文明校园和文明社会的教育目标。

案例 8

夸奖留言

今天，新华中学初一年级的办公室里，每位老师都收到了孩子们的“夸奖留言”。陈老师、张老师、曹老师个个笑容满面，他们相互传看着，并不约而同地把留言条保存了起来。

张老师：您好！您性格直率，说的每一句话都很实在。您严格要求我们，真是一个认真负责的老师。

陈老师：您好！您真聪明！要不点子怎么这么多呢？我从您身上学到很多东西。谢谢！

曹老师：您好！想起刚入学的时候，我们对英语不是很感兴趣，但自从您坚持给我们看《疯狂英语》之后，我们敢说英语了。您辛苦了！谢谢！

这个活动源于初一(1)班的班主任陈老师。新学期开始，她带头给孩子们留便条，贴在孩子们的作业本上、课桌上、文具盒里，夸得孩子们一个个乐开了花。班委又自发地给各位同学留便条。一旦有同学有了进步，就能收到留名的、不留名的夸奖的便条。同学们生活在一个充满温馨和关爱的集体中，其乐融融。“妇女节”前一天，陈老师让孩子们给自己的妈妈写一句感谢或夸奖的话，将它贴在妈妈枕头上、梳妆镜上或书桌上……那些让妈妈容易发现的地方。如果妈妈出差或不在身边，请打一个电话。事后，有的孩子说妈妈激动地亲了他一下；有的说妈妈拥抱了他；有的说妈妈眼中闪烁着泪花……爱，需要学习。爱，需要表达。一个愿意夸奖别人的人一定是一个喜欢用积极的眼光看世界的人，是一个热爱生活的人。如果我们培养的学生都热爱生活，那该多好啊！

（资料来源：“夸奖便条”随风潜入夜，润物细无声——浅谈班级文化建设.http://www.jyssyxx.cn/show.asp?id=630.）

【思考练习】

1. 本案例中教师运用了什么班级管理原则？
2. 你认为这种留夸奖便条的管理办法在班级管理中的优点是什么？
3. 班主任陈老师在教师群体中扮演了一个什么角色？
4. 你认为家校联动在教育中的作用是什么？
5. 平等和谐的师生关系对班级管理的作用是什么？

【小组讨论】

结合本案例，谈谈你对“没有爱就没有教育”这句话的理解。

【案例分析】

夸奖是一种态度，是对学生、老师、家长或者他人劳动付出的认可。每个人都渴望赞美和肯定。班主任陈老师正是利用教育心理学这一原理，在教学中运用智慧，给学生写“夸奖便条”，为本班的学生创造了一个和谐的学习环境，增强了学生的自信心。“夸奖便条”起到了显著的成效，进而在整个年级得以推广。诸多事实证明，鼓励和赞扬能够成就学生的一生。当学生面临困惑和困难时，他们最需要的是家长和老师的鼓励和帮助，而夸奖能传递正能量，能帮助学生茁壮成长。

然而，教育工作者也应该辩证地运用夸奖和批评对学生进行教育。老师不顾客观情况经常批评学生，不断地指出学生存在的问题，这不是一种完全可取的教育方法，而滥用赞美之词，也必然适得其反。因此，教育学生一定要采用以赞美为主、批评为辅的方式培养孩子健康的人格，使学生逐渐形成积极的人生观、价值观和世界观，能够正确地分析评价自己的行为，积极地、充满自信地面对生活，敢于并善于对自己的过失承担责任，树立健全的人格。

案例 9

初二学生欲转学

初二年级（1）班学生李小萌开学一个月后，几次找到班主任林老师谈要转学的想法。林老师感到很纳闷，一班是本年级最好的班级，小萌为什么要转学呢？李小萌这孩子多才多艺，不仅作文写得好，舞蹈跳得也不错。班里少这样一位有才华的学生，林老师觉得很遗憾。带着这个问题，林老师开始了认真的调查。

原来，李小萌觉得同学们看她有些傲气，不和她玩，还总在背后议论她。李小萌很敏感，下课后总是自己坐在教室里，因为没有同学和她说话。看到同学们都有说有笑地在一起玩，她感到很孤独。当李小萌讲到这些时，情绪低落，眼里含着眼泪。

听了李小萌的讲述，林老师认为目前当务之急是为小萌树立自信心。于是，他利用班级活动排练元旦晚会节目的机会，让李小萌负责集体舞的排练。在排练的过程中，李小萌耐心指导同学练习舞蹈动作。终于，经过两个多月的排练，李小萌编排的舞蹈被列入学校元旦晚会节目单。在元旦晚会上，李小萌自编自排并主演的集体舞获得全校的一致好评。李小萌从此彻底摆脱了自卑、孤独和逃避的困扰，充满自信地与同学们交往，以平衡的心态与老师交流，以崭新的面貌面对生活和学习。

【思考练习】

1. 李小萌要转学的事反映出该班存在哪些问题？

2. 李小萌“转学”反映了初二年级学生的什么心理特征？

3. 班主任如何让李小萌实现从不适应班级环境到融入同学们中的转变？

4. 针对初二学生表现出的年级特点，班主任应采取何种管理对策？

5. 班主任应如何制定初中二年级的班级管理目标，形成一个健康良好的学习环境？

【小组讨论】

结合自己的成长经历，讨论初中三个年级的学生发展的各自特点。

【案例分析】

班主任林老师了解清楚李小萌想转学的主要原因后，采取了积极的应对措施，组织了班级活动，让李小萌负责迎接元旦晚会的舞蹈编排和表演，给李小萌机会展示自己的才华。李小萌在集体舞排练活动中和同学交流感情，增进了解和理解，逐步融入了集体生活，更重要的是李小萌开始对生活和学习充满了自信。这一做法展示了林老师的班级管理才能。

初中二年级学生跨入了青春期阶段，他们渴望平等、尊重，但遇到困难又难以解决时，则选择逃避。城市里有的学生，会因为家境较好和父母的娇惯而具有强烈的优越感，凡事都以自我为中心。但是，班级是一个集体，孤芳自赏、唯我独尊的性格会遭受挫折，使之渐渐脱离集体。班主任应该协同家长教育学生和子女以换位思考、理解和包容的心态处理好同学关系。班主任可以通过举办各种班级活动培养学生的合作意识和团队精神，营造一个良好的班级大家庭氛围，帮助每一位同学树立自信，身心愉悦地在班集体中学习和生活。

案例 10

一粒“子弹”飞来之后

滏春中学初二（3）班的班会上，张老师正在对全班学生讲话。此时，教室里静悄悄的，同学们都在认真地听着、思索着。突然“嗖”的一声，一粒“子弹”（粉笔头）直冲讲台飞了过来。全班学生哄堂大笑，本来严肃庄重的气氛一下子就给打乱了。

“这是谁干的？太不像话了！”张老师非常生气地说。在这种场合，这样故意捣乱，和老师对着干，怎样批评都不会过分。可是，当张老师仔细一看，出人所料，原来射出这粒“子弹”的，不是调皮捣蛋的学生，而是平时各方面表现都较好的学生吴栋。

当时，摆在张老师面前的处理方法有两个：一是就事论事，不论犯错误者是谁，只要你违反了纪律，就应该狠狠受到批评；二是因其平时表现较好，又是初犯，放放手，过去就算了。

张老师没这么做。这两条办法也都没用。当时他脑子里闪过一个念头：吴栋这个反常举动，必有缘故。不了解缘故，乱批一通，无的放矢，不会有积极效果。

张老师冷静下来后，只说了一句：“请吴栋下课后到我办公室去一下。”然后，班会照常进行。

班会结束后，吴栋来到张老师的办公室，二话不说，就哭了起来。张老师问他班会上为什么那样做，他抽抽噎噎地说：“家里没有人喜欢我。老师也不喜欢我了。你偏听偏信，只听我父母一面之词，我就是要故意给你捣乱，扫扫你的威信……”

吴栋这么一说，起初令张老师感到莫名其妙。经反复询问，终于弄明白了，这是一个大误会。原来前几天召开家长会，吴栋的妈妈拿着一封信，那是她准备寄给朋友的一封信。吴栋看到了那封信，误以为是妈妈写给老师的“告状信”。之后，他又处处怀疑老师对他有偏见，才产生了这样的对立情绪。

找到了缘由，解除了误会。接着，张老师又启发他分析了在班会上违反纪律的性质和后果，向他进行了善意的批评教育。谈话进行得很顺利。

问题解决到这个程度，似乎可以说结束了。但张老师作为一个班主任却认为问题远没有彻底解决。一封“告状信”的背后是什么呢？

张老师多次深入到吴栋的家里了解情况。吴栋的父亲是位高级知识分子，“望子成龙”心切，管教孩子的方法不甚得当。再加上吴栋脾气倔犟，不服气，正处在心理的叛逆期，免不了经常遭到父母的打骂。久而久之，吴栋感到家庭不温暖，对父母产生了对立情绪和戒备心理。“告状信”的误会由此而来。

（资料来源：一粒“子弹”飞来之后 . http://p.yanxiu.com/panel/publichomework/publichomework!public_homework_show_forSq.action?homeworkid=10031326870983.）

【思考练习】

1. 吴栋为什么要在班会上发射“子弹”？
2. 结合本案例分析学生在课堂上做“恶作剧”的心理。
3. 本案例中班主任的哪些工作没有做到位？
4. 家访在班级目标管理中的作用是什么？
5. 对处于逆反心理时期的学生，班主任应该有哪些预防措施？

【小组讨论】

根据你的个人经历，你认为班级和家庭环境建设与学生个性发展的关系是什么？

【案例分析】

本案例中，平时表现较好的吴栋同学在班会上向老师扔粉笔，故意捣乱，让老师难堪。而班主任张老师在发生“扔粉笔”事件之后对吴栋促膝谈心，并深入到吴栋的家进行家访、了解情况，避免了吴栋的逆反心理的恶性发展。由此可见，当一件不同于平常的事情发生之后，班主任要静心思考、细心观察，不盲目行动。

因此，在平时的管理工作中，班主任不仅要善于观察学生每天的变化，尤其对表现异常的学生给予更多的关注和关心，还要了解全班每一位学生的性格、爱好、习惯和家庭状况等情况，与学生们一起共同创建一个团结、和谐、奋进的班集体。

本案例还告诉我们，在建设团结、和谐、奋进的班风工作中，全班同学和班主任的齐心协力尤为重要。一个班级的好坏不仅仅表现在学生们的学习成绩、各项活动在全年级的名次，更重要的是一个班集体的凝聚力、执行力、学习力、健康的心理和良好的行为习惯；一个优秀的班主任不仅仅表现在对整个班级的教育能力，还表现在对班级的个性教育，是否善于了解学生，是否对不同的学生采用了不同的教育手段，是否经常与科任教师和家长沟通，形成教育合力，从而有效实现班级管理目标。

案例 11

班级也要有“公示制度”

魏老师所任初二年级（6）班的教室后面墙壁上有一块黑板，原来是作宣传栏用的，现在被他改成了“公示板”，班级的大事小情均由班级各职能部门及时公示，使全体学生及时了解班级工作的相关信息。这样做既增强了班级管理工作的透明度，又营造了班级管理的民主氛围，使学生对本班各项管理工作的目标清清楚楚，对学生的身心健康起到了很大的调节作用。他的班级公示主要内容如下。

第一，班级日常考核情况。学校定期对班级的卫生、纪律、自习、就餐、宿舍等工作进行百分制的量化考核。但学校每周公布的只是一个结果，对于本班量化考核的具体情况学生并不清楚，魏老师就要求“值周班长”周末到教育处把学校检查的原始记录抄回来，予以公示。这样，一周的情况一目了然，哪个宿舍卫生不合格，哪个同学没有遵守自习纪律，都曝了光，给违纪的同学增加了压力，也鼓励了做得好的小组和个人。

第二，班级评选先进的情况。每到期末，学校和班级要评选出三好学生、优秀班团干部和文明宿舍。班级评选先进的结果也要公示，接受学生们的监督，学生没有意见后再上报学校。

第三，班级的财务情况。为支持班级开展工作，学校每学期开学都要根据这一学期的活动情况，划拨一定的班费，数目虽然不大，但花钱也是个敏感问题。一般情况下，魏老师根据往年的情况给班级做一个大概的预算，然后由班级的生活委员负责具体的操作，记好账目，按月把支出情况在公示板上公示，附上原始单据，并规定“大宗”开销（超过一百元）由生活委员先将缘由向全班同学公布，然后由班委会两人以上执行。

在实行公示制度的同时，魏老师还在公示板旁放了一个反馈意见箱，收集学生的意见和建议，能在班级解决的就地解决，涉及学校有关部门的及时反映给学校。

（资料来源：班级也要有“公示制度”.http://www.vccoo.com/v/a1c273.）

【思考练习】

1. 魏老师的"公示制度"的作用是什么？
2. 学生对"公示制度"态度如何？
3. "公示制度"将对学生的心理产生什么影响？
4. 在"公示制度"的实施过程中，班主任应注意哪些问题？
5. "公示制度"体现了什么样的班级管理目标？

【小组讨论】

结合本案例谈谈"公示制度"对班级目标管理有哪些促进作用。

【案例分析】

作为初中年级的班主任，如果自己的学生在平时的生活和学习中能够做到自理、自律、自立、自爱、自强，那这位班主任的内心该是何等欣慰！但是，现实往往不是以个人意志为转移的。初二的学生已经进入了青春期，性格趋于逆反，与家长的沟通逐渐减少，对教师的说教更是反感。他们的自尊心增强，喜欢与老师平等地讨论问题，渴望得到老师和家长的重视、信任和尊重。因此，在初二这个阶段让学生自主地参加自我管理和自我监督是实现班级管理目标的有效策略。

本案例中，魏老师无疑是掌握了青春期学生的特点，对班级的管理采取了民主管理的方法。他的"公示制度"符合了学生这个时期的个性特征。先进个人和先进集体的评选为学生搭建了一个自我展示的多彩平台。学生干部参加班级纪律、卫生等工作的检查，参与班级财务的管理，比较全面地提升了自我管理能力。学生们也自觉自愿地遵守学校的卫生、纪律、自习、就餐、宿舍等规章制度，在日常的生活和学习中逐渐养成良好的行为习惯。意见箱的设立也为学生们提供了参与班级管理的机会。因此，六班的班级管理氛围民主，学生身心健康，班风健康向上。

案例 12

随风潜入夜 润物细无声

汉阳实验中学初一年级（1）班班主任李老师，在开学初的时候，为鼓励学生认真完成作业，实现小初衔接的过渡，在每次作业完成好的学生的本子上盖一个红花印章。她的做法使同学们个个对待作业的态度来了个一百八十度的大转变。作业排列整齐，字迹工整，效果十分理想。不料，好景不长，仅过了十几天，李老师放在盒子里的印章居然不见了。她清清楚楚地记得前一个晚上她把这个盒子放在教室里，没有拿到办公室去。她暗暗思忖，一定是哪个同学觉得好玩，悄悄地“顺手牵羊”了；或许是这个同学羡慕其他同学得到老师的特别奖赏，自己却因为作业习惯不太好，字写得不理想而得不到老师的奖赏，出发点应该没有多大的主观恶意。不过，这个拿了印章的同学，知道老师已经发现印章不见了一定是忐忑不安的，如果再在班级中把事情扩大，可能达不到教育的效果。于是，李老师只是轻描淡写地说：本来想给那些作业写得好的同学印一个鲜艳的小红花，但是现在红花印章不见了，算了，不印了。

几天后，李老师给同学印五星时，无意间发现有个同学在自己本上印了好几个红花。她一下子愣住了，难不成这印章是他“顺手牵羊”的？李老师顺势问了一句：“这究竟是怎么回事？”他来不及反应：“是我自己印的。”“你这印章哪儿来的？”一时他吱吱唔唔起来，说不清楚。李老师心中怒火一下子烧了起来，可理智告诉她，还得强压心头怒火，不露声色地对他说：“你走吧。”

又过了一天，李老师让这个同学跟她到办公室去。在走廊上，李老师边走边和颜悦色地问他：“今天放学后，谁来接你？”当学生告诉李老师说是他奶奶接时，她又对他说：“我想让你妈妈来接你，我想跟你妈妈聊聊。”去办公室的路上，师生俩谁也没有说话。走进办公室，或许是事隔了几日，李老师一点火气都没有了，只问了他一句：“你的红花本子究竟是怎么回事？”他就告诉了李老师，印章是他拿的，并且承认了错误，并保证下次再也不做这样的错事了。从这以后，这个同学真的不再犯同样的错误，作业做得也比过去认真多了，而且在其他方面的表现进步也很大。

（资料来源：班级管理案例分析 . http://wfkwsjxx.kwedu.cn/html/2013/deyuzhendi_1231/5601.html.）

【思考练习】

1. 李老师为什么要在学生的作业本上盖印章？
2. 为什么该学生要偷盖印章？
3. 李老师为什么对该生说“我想让你妈妈来接你，我想跟你妈妈聊聊”？
4. 李老师虽然没批评该生，但他却承认自己错了，为什么？
5. 当有学生不能实现班级学习目标时，李老师是如何处理的？

【小组讨论】

针对新升入初一的学生，你认为应该如何进行“小升初”的衔接教育？

【案例分析】

李老师的这个班是刚刚进入少年期的新升初一年级的班级。从案例中的那位拿走老师“红花印章”给自己的本子印红花的学生的行为来看，这个班的学生身上依然有小学生的行为习惯和特点。因此，为了加快小学升初中的衔接，激发学生的学习兴趣，养成按时、认真完成作业的好习惯，李老师采用了小学老师经常使用的“红花印章”的手段。此外，对拿走“红花印章”的学生，李老师与他进行了耐心的谈话和对他进行悉心的引导，使这位学生认识到了自己的错误。

在此值得一提的是，作为初中年级的班主任，要学习和掌握学生在初中三年不同时期的生理和个性特点，针对学生不同时期的特征，采用不同的教育方法和手段，达到共同的班级管理目标。

案例 13

“责罚”使学生心里难受

苏霍姆林斯基刚参加工作时，遇到一个名叫斯捷帕的男孩。斯捷帕由于过分顽皮，在一次玩耍中不小心把教室里的一盆全班十分珍爱的玫瑰花给碰断了。对此，苏霍姆林斯基大声斥责了这个学生，目的是为了惩罚这个闯祸的孩子，让他吸取教训。事后，班上的学生们又摆上了三盆原样的花。苏霍姆林斯基让班上的学生用心轮流看护，唯独不让斯捷帕参加这项集体活动。不久，苏霍姆林斯基发现这个学生不仅变得话少了，也比以前规矩多了。年轻的苏霍姆林斯基看到这种情况，认为自己的申斥对这个学生起了作用。

可是几周后，不愉快的事情发生了。这天放学后，苏霍姆林斯基因事未了，还留在教室里。斯捷帕也在这里，他准备把作业做完回家。当发现教室里只有老师和他两人时，斯捷帕便觉得很窘迫，急忙准备回家。苏霍姆林斯基没有注意到这种情况，无意中叫斯捷帕跟自己一起到草地上去采花。这时斯捷帕表情迅速变化，先苦笑了一下，接着眼泪直滚了下来，随后，在苏霍姆林斯基面前跑回了家……

这件事对苏霍姆林斯基触动很大。此时，他才明白了，由于自己的责罚，学生的自尊心被伤害了。他开始意识到自己以前的做法是不自觉地对学生的一种疏远，使学生感到了委屈。因为学生弄断花枝是无意的，而且对自己的行为已经感到后悔，愿意做些好事来补偿自己的过失，而老师却粗暴地拒绝了学生的这种意愿。他认识到了对这种真诚的、儿童般的懊悔，报之以发泄怒气的教育影响，这无疑是对学生心灵的极大伤害。之后，苏霍姆林斯基对犯错误的孩子们多的是关爱，少的是责罚。

（资料来源：苏霍姆林斯基的故事 .http://wenku.baidu.com/link? url=XkV1zXPPkanEpgjp0M3v19cmdBDki5_99v9RqV4_R-yHOpHxb9 xqkuUPCiPBOetn-eFwW0RRlKOqVNj_35ifeUyDJy6E4RzzptTbkg4pa9W.)

【思考练习】

1. 受到老师“责罚”后，斯捷帕的话为什么少了？

2. 那件事对苏霍姆林斯基触动很大，为什么？

3. 苏霍姆林斯基对学生斯捷帕“责罚”后的反思。

4. 本案例引发你怎样的思考？

5. 结合个人实际，谈谈你如何正确运用“赏识教育与惩罚教育”相结合的原则。

【小组讨论】

讨论对学生不当的“责罚”将会对学生的心理产生哪些负面影响。

【案例分析】

通过本案例的学习与思考，我们不难发现苏霍姆林斯基在认识到学生斯捷怕弄断花枝本来是无意的，并且当时学生对自己的行为已经感到后悔，愿意做些好事来补偿自己的过失时，他还斥责了该学生，还不让该学生参加护花活动，这种做法极大地伤害了学生的自尊心。在班级管理中，班主任一定要深刻地认识到，学生是有着丰富的情感世界的人，是正在成长中的人，是需要被尊重的。当教师发现学生犯错后，首先要弄清楚学生犯错是主观上的原因，还是客观上的原因，绝不能一发现学生犯错就斥责和惩罚。不问青红皂白地责罚是班级管理工作中的不明智之举。

这个案例还告诉我们一个道理，尽管学生平时因知识缺乏或非主观原因而做错事情，班主任仍要采取宽恕态度，因为宽恕能触及学生自尊心最敏感的角落。学生还是未成年人，在学习和生活中出错是正常的。因此，在班级管理中，班主任对学生的品行培养，一定要遵循“尊重学生与严格要求相结合”的原则，给犯错误的学生改过的机会。

案例 14

挽救“困难生”

在巴甫雷什中学里，曾经有一个叫高里亚的学生。上学一个月后，他就给同学和老师们留下了一个深刻的印象：这是一个懒惰成性、常会骗人的学生。在短短的一段时间里，他就表现出了“难教育”的特点。春天，当全校学生都在植树时，他却有意破坏了几株树苗的根部，并向全班同学夸耀自己的“英雄行为”。有一次课间，他把手伸进别人的书包，拿出课本，用墨水把它弄脏，再放回原处，并以天真无邪、泰然自若的态度来欺骗教师审视的眼光。还有一天，他们班去森林远足考察，他一路上撞这儿打那儿。当班主任故意不理睬他，向其他学生讲解山谷、丘陵、山和冲沟的有关知识时，他走到全体学生面前，做出滑稽动作，还登上峭壁往下看。班主任旁敲侧击地提醒：“同学们，不能走近冲沟边缘，跌下去十分危险！”他突然高声喊道：“我不怕！这个冲沟我滚下去过！”说着就卷起身子滚了下去。

当苏霍姆林斯基获知该生情况后，不是将该生开除或训诫，而是进行家访。通过家访他获知：高里亚是个非常不幸的孩子，他从小失去了父亲，母亲在他刚满周岁时，由于严重违法，被判处十年徒刑。高里亚从小住在姨母家，姨母把他看成额外负担。高里亚成了一个典型的“难教育学生”。这就是他的家庭背景。

苏霍姆林斯基根据家访的情况，找来班主任等有关教师共同分析高里亚上述行为产生的原因。他提出了自己的看法：高里亚对自己的行为所抱的态度，是故意装出来的，是不自然的。家庭环境的影响，使高里亚对人们失去了信任，对生活失去了信心。苏霍姆林斯基的观点对教师们思想触动很大。大家一致认为，高里亚表现出来的缺点，是在向周围的人对他漠不关心、冷淡无情的态度表示抗议。这样的分析增强了教师们的同情心、关注之情、教育的敏锐性和观察力。

一次，苏霍姆林斯基发现这个孩子单独玩耍，好像很随便的样子，他把高里亚请进了生物实验室，要高里亚帮忙挑选苹果树和梨树的优良种子。虽然高里亚装出不屑栽培树苗的样子，可是孩子的好奇心还是占了上风。

他们两人一起干了两个多钟头，直到很累为止。这件事引起了高里亚的极大兴趣。当班主任再次去高里亚家时，发现他正在施肥栽树。此后，班主任老师因势利导，在班级栽树活动中，让高里亚指导其他学生，并对他表现出来的优点及时地发现和鼓励。虽然后来高里亚曾多次反复出现不良倾向，老师们却着眼于长善救失，循循善诱。“功夫不负有心人”，在这个教师集体的共同教育下，高里亚变成了另一个人。他经常帮助有困难的其他同伴，为集体默默地做好事，成为一个优秀的学生。

（资料来源：苏霍姆林斯基的故事 .http://wenku.baidu.com/link?url=XkV1zXPPkanEpgjp0M3v19cmdBDki5_99v9RqV4_R-yHOpHxb9xqkuUPCiPBOetn-eFwW0RRlKOqVNj_35ifeUyDJy6E4RzzptTbkg4pa9W.)

【思考练习】

1. 家庭环境对高里亚的心理产生了什么影响？
2. 为什么高里亚参加集体种树活动思想发生了变化？
3. 什么是“长善救失”教学原则？结合本案例，谈谈如何运用“长善救失”教学原则。
4. 结合实际，谈谈“热爱与尊重”在学生思想转变中的作用。
5. 家访在班级管理有哪些作用？

【小组讨论】

结合自己的成长经历，谈谈家庭环境对学生身心发展的影响。

【案例分析】

本案例告诉我们，学生的行为习惯的养成和价值观的取向会受到家庭环境、学校环境和社会环境的影响；班主任在班级管理中要树立一个教育信念：热爱学生、关心学生、尊重学生，相信所有孩子都能被教育好。高里亚同学之所以出现不良的行为，主要是从小在家庭中缺少关爱。苏霍姆林斯基进行家访后，与其他教师共同分析、讨论帮助高里亚的策略。他从关爱和尊重入手，让高里亚感受到周围人对他的信任和关爱。经过大家的共同努力，高里亚终于成为了一名优秀的学生。

由此可见，在班级管理中，只要老师关爱学生、相信学生，善于捕捉学生的闪光点，学生就能在教育中向好的方面转变。学校里之所以存在所谓的“困难生”，或许是因为教师的教育方法有一定的问题，或许是没有深入细致地去了解学生，或许是没有去发现学生的优势，等等。只要教师找到了学生的兴趣和发展的优势，选对了教育方法，做到了因材施教，“困难生”也会变为优秀生。

案例 15

与期中考试只考了 8 分的学生谈话

柳林桥中学初二年级（3）班有个叫董亮的学生在期中考试中语文只考了 8 分。班主任刘旭冉老师知道后非常着急。在刘老师的眼里，董亮是一个平时上课不注意听讲，不做作业的学生。过去，刘老师多次找董亮谈话，还批评处罚过他，但是没有太大的改变。刘老师这次决定要改变一下谈话的方式，运用赏识教育法，不批评处罚他。刘老师把他叫到自己的办公室，开门见山地说："我听语文老师说，你上课根本就不听讲，是吗？"董亮回答："是。""听你父母说，你在家也不写作业，是吗？"董亮回答："是，我什么也不会，什么也不想做，就想上网玩游戏。"刘老师说："你平时上课不听讲，下课不做作业，根本不学习，这次居然还能考 8 分，证明你是一个非常聪明的学生，我想只要平时上课你稍微努力一下，下次考试成绩肯定会比这次考得好。"

接下来刘老师继续问："这次成绩下来你看后有不服气的地方吗？"董亮说："有啊，第一道题我本来会做，但由于粗心没答对，我不服气。"而后，刘老师运用心理学的原理让董亮说说自己的优点。董亮说："我没有优点。"在刘老师启发诱导下，刘亮慢慢地找到了自己的优点，比如游戏打得好、善于帮助同学、爱看科普读物、爱好美术等，从一个找到了十个、二十个……

刘老师说："你的优点不少啊！"在以后的日子里，刘老师允许他上课不听讲，但可以选择自己喜欢的内容进行学习。紧接着刘老师帮他检查学习的效果，帮他确定学习内容，不断地督促、检查他的学习落实情况。渐渐地，董亮上课也注意听讲了，课后作业也能按时完成了，期末考试总成绩在全班进入中等偏上，终于取得了很大的进步。

（资料来源：找期中考试只考了 8 分的学生谈话 . http://blog.sina.com.cn/s/blog_aecbb46e0102vk26.html.）

【思考练习】

1. 为什么董亮在家不做作业？

2. 刘老师允许董亮上课不听讲，可以做自己喜欢的事，体现了什么教育原则？

3. 本案例中，刘老师采用了什么方法达到他的教育目标的？

4. 你认为“学困生”的主要表现有哪些？

5. 情感教育在“学困生”转化中有什么作用？

【小组讨论】

结合本案例，谈谈对“自信是成功的一半”的理解。

【案例分析】

在现实班级管理中，每个班主任都会遇到“学困生”。但是，如何做好“学困生”的转化工作，是每个班主任面对的难题。通过本案例的学习与思考，我们不难发现刘老师在遇到董亮同学期中语文考了8分时，没有用“你怎么就考8分，多丢人！”等侮辱性的语言与学生对话，不是急于批评和惩罚，而是去发现学生的优点，给予学生充分的信任。

这个案例告诉我们，在班级管理中，班主任对待“学困生”，既要发现学生学习方面存在的不足，又要发现学生其他方面的“亮点”。班主任不仅要运用心理学的知识，分析学生学习成绩差的原因，因人、因事选择灵活的、针对性较强的教育方法，还要对学生要晓之以理，动之以情，导之以行，带着感情真心实意地、平等地与学生进行交流，绝对不能不与学生对话，也不可讽刺挖苦学生，更不能弃之不理。“尺有所短，寸有所长”。找到学生的优点，扬长补短，帮学生重拾信心，用智慧和充满真情的语言、真诚的关爱激发学生的学习兴趣，帮助学生端正学习态度，树立正确的学习目标，这是班主任的职责。

第二章 班级管理原则

培养教育人和种花木一样，首先要认识花木的特点，区别不同情况给以施肥、浇水和培养教育，这叫“因材施教”。

——陶行知

案例 1

不要忽视道德情感价值观的培养

下雪了，春光小学二年级（3）班在开班会。王博的妈妈顶风冒雪给他送来了棉衣。这位脸上冻得发紫、浑身发抖的妈妈，一见到孩子，脸上立刻露出了笑容，还没等孩子走出教室，就迫不及待地问：“你冷吗？”教室内所有的同学都听到了这位母亲的关爱声，但个别同学却在那里发笑。这时，班主任张老师抓住机会，及时对学生进行了简短的感恩教育，她很随和地问道：“同学们，王博的妈妈顶风冒雪来送棉袄，她难道不冷吗？妈妈这样做到底是为了什么？我们是否要站在父母的角度理解和体谅父母呢？”教室里静悄悄的，同学们听到这些后，有的脸色发红，有的低头沉思，有的甚至流下了难过的泪水。同学们从老师简短朴实的话语中受到了鼓舞，暗下决心努力学习，决心以优异的成绩来报答父母的养育之恩。

（资料来源：班主任班级管理案例 . http://wenku.baidu.com/link?url=NEaQuqAaJISK3IvmZfYsBISlNmIRFtA55qkTTfFjPLgZKKpfsDb5R6enM-nPxdX2tzX8BT59fdqrZfQ_xsuPkWHCHsRztWi13sawLOlfwkC.）

【思考练习】

1. 道德情感教育在学生成长中的重要性是什么？
2. 如何让道德情感教育自然而不着痕迹地发生？
3. 你在教育教学中是如何捕捉道德情感教育最佳教育时机的？
4. 通过学习本案例，你对班主任工作有什么新的理解？
5. 你认为什么是成功的教育？

【小组讨论】

道德情感教育对学生成长的影响有哪些？

【案例分析】

“当孩子意识到你是在教育他的时候，你所有的教育都是徒劳的。”班主任要把握道德情感教育的契机，要在学生不经意的时候进行教育，才能帮助学生树立正确的人生道德价值观。

有些学校只注重学生成绩的提高，却忽视其基本的道德价值的提升，有些学校甚至因为学生的成绩不好而不尊重其家长，这样的行为会对学生道德情感价值观造成很大的负面影响。作为一名合格的班主任，首先自身要做到尊重他人，尊重家长，弘扬社会主义道德价值观，把思想品德教育贯穿到学生的生活当中，才能潜移默化地对学生的价值观进行良好的引导。

案例 2

厚此薄彼

实验中学初三（3）班的李华和张硕是同桌。李华的学习成绩较为优秀，而张硕的学习成绩相对来说不太好。在一次初三冲刺阶段的数学试卷练习课上，李华有个定理记不太清了，便碰了碰张硕的胳膊，低声向张硕询问。张硕轻声告诉了李华这个定理的定义。没想到这一幕刚好被坐在讲台前的范老师看到了，他大声喊了张硕的名字，并让他拿着试卷出去做。张硕只好拿上试卷在众目睽睽之下不情愿地走出教室。下课后，范老师将张硕叫到办公室质问他课上发生的事情，并严厉地批评了他。当张硕解释到是李华先向他询问定理之时，老师说道："自己的错不要牵连到他人，再说了，李华学习成绩比你优秀，我才不相信他会向你问问题的。自己好好反思去吧！"自此以后，张硕越发不喜欢学数学了。

【思考练习】

1. 该数学老师的言行会对学生造成怎样的伤害？
2. 如果你是案例中的老师，你会怎么做？
3. 教师如何做到平等地对待每一个学生？
4. 身为教师，在处理问题时如何设身处地考虑学生的感受？请举例说明。
5. 通过该案例的学习，你的最大感悟是什么？

【小组活动】

模拟该案例的情景，选一个代表扮演案例中的数学老师，表演出你认为正确的处理方式。

【案例分析】

不少教师认为只有学习好的学生才是人才，对他们总是高看一眼，平时的态度和评价也较为积极，而对那些问题学生的评价总是消极的。通过这个案例的学习，我们要时刻提醒自己：一定要平等对待学生，不要戴有色眼镜看学生，因为每一个学生都不是天生的坏孩子，每一个孩子身上都有闪光点，都有值得我们尊重和学习的品质。

教育是神奇的。许多不争的事实说明：一次偶然的教育机会也许就可以改变一个学生的一生。作为老师，我们有责任去发现每一个学生的闪光点，不应该仅用学习成绩来衡量他们。我们应该细心地关爱每一个学生，保持公平、公正，让每一个学生都能充分享受到老师的爱，让孩子们在平等、公正的爱的滋润下茁壮地成长。只要我们以正确、鼓励的目光对待孩子的对与错，相信孩子们也会还我们一个惊喜！

案例 3

换个角度

一天，育华小学六年级（1）班的赵老师带着几个学生走进了办公室。只听赵老师说："你们几个平时虽然学习成绩比别人差了那么一点，但我觉得只要你们稍加努力，其实并不比别人差，你们在我眼里都是一样的。老师现在就给你们一个表现自己的机会，让你们当小组长，帮助老师管理班级，证明你们的实力。"这几个学生听了都很高兴，欣然答应了。学生走后，赵老师对其他老师说："都六年级了，这几个孩子还是闹腾得厉害，但他们却很有号召力，所以我想让他们当组长试一试，看看情况会不会有所好转。"过了几天，赵老师说："效果太好了，这几天班上学生不再捣乱，这几个学生也按时交作业了，成绩也比以前提高了很多！"

【思考练习】

1. 作为教师，面对班里比较难管的学生，你有什么相应的策略吗？

2. 本案例中老师的做法显然是成功的，你对赵老师成功的方法有何体会？

3. 通过本案例的学习，你对处于青春期学生的教育工作有什么新的想法？

4. 学生的个体差异是客观存在的，我们如何尊重学生的天赋及个性特点？如何多角度地看待和评价学生？

5. 赞美是一种手段，是一种艺术，更是一种魔力，我们如何适时地放大学生的闪光点，让学生更加自尊自信？

【小组讨论】

讨论如何转化问题学生，有哪些方法，请分别说明。

【案例分析】

有时候换个角度来看学生也未免不是好事，每个学生都有自己的闪光点，作为老师应善于利用这些特点，促进学生发展。就像该案例中的这些孩子一样，他们为了管好班级，为了让别的学生听他们的话，他们肯定会先约束好自己，最终达到共同进步的效果。

常言说："数其十过，不如赞其一长。"教师要善于寻找学生的闪光点，放大优点。千万别做教育的蠢事：动不动就讽刺、斥责，甚至是歧视。别忘了，"你的教鞭下有瓦特，你的冷眼中有牛顿，你的讥笑中有爱迪生"！

作为新时代的教师，我们更要理解学生，善于沟通，鼓励并满足孩子们的创造意识，给所谓的"问题学生"取得成功的机会，这对培养一代又一代身心健康的人才具有深远的意义。

案例 4

宽容以待

在曙光小学的教师办公室，六年级（2）班班主任正在让两个打架的学生陈述打架的理由，双方不断争辩，各说各有理，都试图把责任推给对方。在他们的辩解中，班主任了解了事情的经过。这两个学生是前后座位，因为前排的王依凡碰掉了后排李嘉宽的文具盒，以致矛盾激化。多亏发现及时，否则后果不堪设想。面对他们的争辩，老师没有做他们的审判官，而是说："我知道你们俩都很委屈，老师能理解，现在我只想让你们想想整个事件中有哪些地方自己做得不够好，想好了再和我说说。"听老师这么一说，他们停止了争辩，都不吭声，低头不语。老师趁机悄悄地离开办公室。当老师再次来到办公室时，王依凡主动上前对老师说："老师，是我不对，不该背靠桌子，弄掉了他的文具盒，影响他的学习，而且出口骂人。"李嘉宽见对方态度诚恳，也赶忙说："老师，我也做得不对，再怎么也不该动手打人，还严重影响了全班的自习纪律。"老师一看火候已到，就用商量的语气问："你们说今天的问题怎么处理？"这次，先动手打人的李嘉宽态度诚恳地走到王依凡跟前，主动握住对方的手说："真对不起，我不该动手打人，请你原谅。"碰掉东西的王依凡也忙说："我也请你原谅。"就这样，一场不大不小的纠纷在平静中解决了。在整个事件处理过程中，老师几乎没说什么，但是效果出奇地好，也没有在学生心里留下后遗症。

（资料来源：班级管理案例分析 . http://wenku.baidu.com/link?url=rQ31uYHOISxBJ6myaYDy-J38iu_hXA-SJY1baSVk_POzRPD22PcSW-bH3F3CvQ58xfzYeISt4srhawfBsmOuxfHleKDj-D2bEZso8wz2v7W.）

【思考练习】

1. 作为班主任，如果你遇到类似的问题，你会怎样解决？
2. 该案例中班主任的教育艺术体现在哪里？

3. 如果该老师以“审判官”的身份去处理问题，请预测事件的发展后果。

4. 如何把握教育的最佳切入点，获取最佳的教育效果？

5. 试分析现代教师和学生之间的新型关系，老师对待学生的态度应注意哪些方面。

【小组讨论】

老师处理学生之间的纠纷，可以采用哪些方法？应注意的问题是什么？

【案例分析】

上述案例让我们看到了这位老师的教育智慧非常高明，真可谓是春风化雨，化干戈为玉帛。的确，多一份宽容，就保护了同学们的自尊心，就能够让孩子们主动认识错误，改正错误，自觉地去约束自己的行为。试想，如果我们都用惩罚来对待孩子的每一次错误，只能让教师和学生之间的距离越来越远，学生只会对老师敬而远之。所以，只要不是原则性的错误，教师就要给学生一个认识、改正的机会。这样，学生就会从教师的宽容中感受到教师对他的爱护和人格的尊重。学生从获得这个尊重开始，就可能对自己的言行进行反省，实现“内心矛盾和斗争”，这是一个从被动接受教育到主动进行自我教育的过程。让我们对孩子多一份关爱，少一份冷漠；多一份等待，少一份急躁；多一些策略，少一些粗暴。让我们用爱赢得信任，用爱拥抱希望！

案例 5

倾听是最好的尊重

春光小学四年级（3）班星期二上午的第一节课是语文课。王老师给学生讲解第21课《下雨了》。课上，王老师首先讲解课文，然后让学生自读，两分钟以后以小组为单位上台表演。王老师让李林同学所在的小组展示小组学习成果。李林同学也许是太紧张的缘故，一直磕磕巴巴，连最简单的读音都发不对，下面的同学开始起哄，并笑他笨。这个时候老师用眼神制止住了学生，说："同学们，每个人都会有紧张的时候，我们要学会尊重他人，而认真倾听就是最好的尊重。让我们给他一点掌声鼓励一下，一起来倾听和观看他的表演怎么样呀？"话音刚落，教室里响起了雷鸣般的掌声。王老师给予台上的李林一个肯定的眼神，示意他继续说下去。也许是受到了鼓舞，李林不那么紧张了，说得也比之前好了很多。

【思考练习】

1. 为什么教学中要做到"师生之间互相尊重"？
2. 你在教学中会怎样用实际行动展现对学生的尊重？
3. 作为老师，你如何倾听学生的心声？
4. 有些老师，总认为自己高人一等，放不下架子，不愿意也没有耐心倾听学生诉说，这样会产生什么不良后果？
5. 你认为教育中倾听的优势体现在哪里？

【小组讨论】

在日常教学管理中，教师对学生的尊重具体体现在哪些细节上？请举例说明。

【案例分析】

通过这个案例我们可以看到，其实有时学生需要的并不多，而他们所需要的也许正是我们平时所忽略的那份尊重。作为学生的引路人，我们应该学会倾听学生的心声，并循序渐进地引导学生也学会倾听、学会尊重，让学生明白打断别人的讲话是不礼貌的行为，应该改正。

一位教育心理学专家说："当你滔滔不绝而孩子沉默不语或点头称是时，并不意味着问题的解决，这只不过是孩子想尽快逃脱你喋喋不休的一种手段罢了。"师生交往中，教师要巧妙地运用倾听的艺术，准确地了解学生的真实状态，理解学生的内心需要。尤其是教师的倾听能使学生感受到老师对他的关注和尊重，从而也愿意接受老师的教育。

老师通过倾听来培养学生自己解决问题的能力，培养学生的责任意识和反思意识，进而培养学生自信、自爱、自强等重要的心理品质。事实证明，学生是在自己解决问题的过程中成长起来的。一些问题的产生本身是正常的，重要的是学生能在老师充满尊重与爱的引导下去积极地解决问题。

案例 6

细节体现师生情

媛媛是裕华路小学二年级（4）班的学生。这段时间，媛媛的外公病重入院了，媛媛的爸爸妈妈为了照顾老人都在医院里忙得不可开交。所以，媛媛就被暂时送到了爷爷家。每天奶奶会按时做好饭，媛媛和爷爷奶奶相处得也很愉快。可是，有一件事让媛媛一直很苦恼——没人给她梳头了！

以前在家的时候，每天早上都是妈妈帮她梳头，而现在奶奶年纪大了，眼神不好，也给她梳不好头。所以，周末在家的时候，媛媛就整天披头散发地不出门。可是一到周一还是要去上学啊！

周一的早上，媛媛硬着头皮、散乱着头发就去上学了。一进教室，有的同学看到像个“小疯子”一样的媛媛就哈哈大笑，而且还指指点点给她起外号。于是，媛媛便把头埋得低低的快步走到了自己的座位上，很久都一言不发。这时班主任王老师走进教室，发现了这个情况，刚好这时学生要集合举行周一的升旗仪式了。王老师让班里的其他学生赶快到操场上排队集合却让媛媛留在了教室里。

媛媛本以为老师要批评自己周一早上不梳头就来学校的事，可是王老师却从办公室里拿来了梳子和小镜子给媛媛梳起头来，一边梳还一边和声细语地询问媛媛为什么没梳头就来了。媛媛便把事情一五一十地说了出来。梳好了头后，王老师还不忘夸媛媛一句：“这样干干净净的真漂亮！以后你也像老师这样，学会自己梳头。”然后，就让媛媛赶紧去参加升旗仪式了。

【思考练习】

1. 试分析王老师亲自给媛媛梳头，会给媛媛的心理成长带来哪些积极的影响？

2. 你在教育教学中会怎样去展现对学生的爱？

3. 面对有些学生的不良行为习惯，你会采用什么方法去合理引导？

4. 面对“问题学生”，你会怎样用实际行动去感化学生？你认为学生最终都会被感动吗？

5. 通过对这个案例的分析，你有什么体会和收获？

【小组讨论】

没有爱就没有教育，谈谈老师应该怎样去爱学生。

【案例分析】

泰戈尔说过：“爱是理解的别名。”没有理解就没有爱，爱学生不仅需要老师的耐心与真诚，还需要老师艺术的教育手段与方法。

关爱学生是教师师德的一个重要体现。作为教育工作者，教师一定要关心爱护全体学生，尊重学生人格，平等公正对待学生。案例中王老师的做法就是关爱学生的体现。当学生没有做好个人卫生仪容仪表方面的工作时，王老师能平心静气地询问学生原因，而且帮学生做好这些事情，而不是采取讽刺挖苦和批评的态度，恰当地保护了学生的自尊心，呵护了学生幼小的心灵。王老师有很强的爱心、耐心与诚心，这是优秀班主任应具备的基本素质。

案例 7

学会适时表扬

今天，南关小学二年级（2）班在上英语课时，一个叫郭一鸣的小男孩在宋老师提出一个问题后怯生生地站了起来，虽然他的回答有些磕巴，说得不是很出色，但是宋老师对着全班同学说：“郭一鸣同学今天表现得特别好，他有勇气积极主动地站起来回答问题，这是值得表扬的。我们一起给他掌声好不好？”全班同学一齐为他热烈鼓掌。此时，郭一鸣的脸上流露出十分自豪的表情。

【思考练习】

1. 适时的表扬和鼓励对学生有何促进作用？
2. 赞扬学生的最终目的是什么？
3. 结合你的个人经历，说一说你的老师是用哪些方法来表扬学生的？
4. 教师如何选择合适的时机对学生进行赞扬和鼓励？
5. 对“问题学生”如何进行鼓励，并让他感到你的表扬是真诚的？

【小组讨论】

对不同层次学生所取得的进步，老师应分别采用怎样的鼓励方式？请举例说明。

【案例分析】

希望来源于自信，而那些学习成绩较差的学生，尤其需要自信。自信心是可以通过正面的鼓励和赞扬来培养的。

本案例中宋老师的这种善于表扬学生的方法可以增强学生们的自信心，让他们以后更能积极主动地回答问题。同时，老师还教会了学生们要关爱、鼓励他人，不吝啬自己的掌声，为表现好的同学，尤其是有进步的同学，鼓掌点赞。宋老师的这种做法，培养了学生的爱心、耐心与信心，是值得我们学习借鉴的。

案例 8

老师的“印象病”

南关中学初一年级（6）班的王岚在班里的成绩不错，每次考试成绩都会在前十名，而李小智则是三天打鱼两天晒网，成绩勉强能及格。在一次语文课上，前排的王岚一直在往后面的李小智身上扔橡皮块，而这个小动作并没有被张老师看到。当王岚第七次扭过头扔橡皮时，李小智忍不下去了，便说了一句：“你有完没完！”李小智说这句话时没有控制自己的音量，被正在讲课的张老师听到了。“李小智，下课后到我办公室！”张老师严厉地说道。

下课后，在初一年级的办公室，张老师质问道：“你怎么回事？成绩不好还要影响别人学习！你再这样的话，我可就要通知你家长了！”“老师，王岚一直朝我扔橡皮块，我忍不住了才说话的。”尽管李小智做了自己的辩解，但在老师的潜意识里，像王岚那样成绩优异的学生是不会上课做出这种事的，反倒是李小智这样不爱学习的学生，总会先去影响别人。老师没再问下去，甚至对李小智的不道歉而感到失望，她生气地说：“你写500字检查，明天交给我！”便叫李小智回去了。

第二天，张老师发现办公桌上除了李小智的检查外，还多了另一份检查，那是王岚写的。她写清楚了事情的原委，并检讨了自己，诚恳地道了歉。

张老师这时心头一震，为昨天对李小智的态度感到懊悔不已。下课之后张老师又把李小智叫到了办公室，不过这次不是批评，而是道歉。李小智也觉得自己有不对的地方，向老师诚恳地道歉。

经过这件事后，张老师不仅改变了以成绩看人的态度，而且也不再以个人的主观想法解决课堂突发事件了。自此，老师与学生之间的关系也相处得更融洽了。

【思考练习】

1. 你认为某些老师常犯的这种“印象病”会对学生造成什么危害？
2. 教师应如何正确运用评价的艺术？
3. 你认为教师应该怎么用正确的、发展的眼光看待学生？
4. 教师如何做到平等对待每一位学生？请举例说明。
5. 作为班主任，如何更好地赢得学生的信任？

【小组讨论】

针对该案例中的事件，你认为张老师当时应该怎样处置才公平合理，而且不会对学生造成伤害？

【案例分析】

这个案例具有一定代表性。应该说，人们有某种“印象病”确属常事。但作为老师这一教育人、塑造人的特殊群体，“印象病”对评价学生是有害无益的。首先，它妨碍老师全面、客观、公正地评价学生。其次，它无助于学生保持积极向上、健康成长的心态。再次，它危害师生之间的信任关系。所以，身为老师，只有做到尊重、理解全体学生，处事公正无私，遇事多做调查，三思而后行，才能妥善处理各种偶发事件，也才能让学生体会到教师的公平。如果只以成绩来衡量学生在各方面表现的好坏甚至人品，那只会拉大学生和老师之间的距离，影响学生的成长。

案例 9

尊重学生的人格

春光中学是一所寄宿学校。元旦前夕，初二年级（2）班的同学们按照年级的计划，以宿舍为单位，在紧张的学习之余，兴奋地准备着各自的节目。大家绞尽脑汁，跃跃欲试，都想在联欢会上表演精彩节目，给同学们带去欢笑。

女生宿舍里，以小燕为宿舍长的203宿舍，别出心裁地自编自演了一个小品，用幽默风趣的语言演绎同学身边的真人真事。表演时，小燕和同学们，表情夸张，动作到位，她们穿的表演服装也颇具特色，是用窗帘及床单自制而成的。功夫不负有心人，联欢会上，她们的节目博得了满堂彩，逗得大家开怀大笑，掌声不断，并选为优秀节目到（1）班去表演。

可是，谁也没有想到的是，在（1）班的教室里，正当小燕和几位室友非常投入地表演时，旁边却传来了一句不和谐的声音。一个叫李立广的男生用鄙视的语气说了句："都是什么玩意儿？恶心死了！"这句话刚好被脾气火爆的小燕听到了。于是，小燕当场爆发了，她大声吼道："你不愿意看可以不看啊！你有什么资格在这侮辱别人努力的成果？"说完，小燕和她的室友夺门而出，气冲冲地回到了自己的教室。一场好好的兄弟班之间的巡演就这样不欢而散了。

这件事很快传到了（1）班班主任陈老师的耳朵里。陈老师也同时担任着(2)班的数学课。第二天，陈老师把203宿舍的人都叫到了她的办公室里，就自己班里学生出言不逊的行为向大家郑重地表示歉意，并十分自责地表示自己班里学生做出这样的事，她这个班主任也觉得心中有愧，是她教导无方才导致这样的结果。看到陈老师极富诚意的道歉，小燕和室友都没有了昨天的怒气，并表示不会将此事放在心上，也不再计较了，同时也希望陈老师内心不必太自责。最后，陈老师还再次感谢她们来（1）班表演节目，并称赞节目很精彩，一场危机就这样圆满地解决了。

【思考练习】

1. 如果你是陈老师，你会怎样解决这场纠纷？

2. 如果你的班级出现像李立广这样的男生，你会采用什么方法对这样的学生进行教育？

3. 面对学生之间的各种矛盾，你会怎样根据不同的情况，采用不同的方法处理？举例说明。

4. 作为班主任，如何教育学生尊重他人？

5. 本案例中陈老师处理问题的方法体现了什么样的班级管理原则？

【小组讨论】

教师尊重学生能给学生的成长带来哪些积极影响？

【案例分析】

从陈老师的身上，我们看到最多的就是她对学生的尊重。陈老师把学生看作是具有独立人格的人，没有摆起居高临下的姿态。在证实确实是自己班的学生做错之后，陈老师没有采取逃避和放任不理的态度，而是及时地解决问题，向受伤害的学生郑重地表达歉意。这种做法，不仅没有降低老师的身份，反而令学生对陈老师肃然起敬，凸显出陈老师身上独特的人格魅力。

案例 10

教育是真诚的体现

元旦快到了，解放桥小学三年级（3）班的赵老师让学生在课堂上做贺卡并写上诚挚的祝愿，送给自己敬爱的人。李晓凯同学把自己精心做的贺卡送给了赵老师。赵老师满脸笑容地说："你的贺卡做得太好了！我一定会珍藏这份礼物！"可是第二天，李晓凯在垃圾堆里发现了自己送给老师的贺卡。他气愤地说："我再也不相信赵老师了！"

（资料来源：教育是真诚的体现 . http://wenku.baidu.com/link?url=oUeWRnQNHMp1nrxXkI1Oz6Vq8vP3MHZ3azTUIvYABKcBvHfiS0Zwt419iFyNcUMxEPgaDOmtnKKJe17ERsXXq3yReh4M0FW4K7v2u12xM2C.）

【思考练习】

1. 赵老师的做法会对学生心灵造成怎样的伤害？
2. 赵老师在这件事情上的言行不一，将对她本人产生哪些负面影响？
3. 如果你是案例中的赵老师，你会怎么做？
4. 教师如何通过更多的"身教"让学生信服？
5. 在教育中，老师要求学生做到的，自己能做到多少？

【小组讨论】

谈一谈对"亲其师，信其道"的理解。

【案例分析】

案例中的这位老师丢弃的不仅仅是一张贺卡，还丢弃了作为教师的一份真诚，同时也丢弃了学生对她的崇敬和热爱。虽然这仅仅是个例，不具有普遍性，但老师对学生言行不一的现象并不少见。有的老师让学生“质疑问难”，但又希望学生的问题可以“正中下怀”。有的老师表扬学生时信口开河，并不是真心话，说某个同学了不起，长大后准能成为文学家；某同学这么聪明，将来当个科学家没问题……这样的教学谈不上真诚，更缺乏真心。

教育应该是真诚的，老师和学生之间应该是互相尊重，互相信任的。作为教师，我们应身体力行，以身作则，通过自己的言行举止，给学生起表率作用，真正地做到为人师表，给学生以潜移默化的影响，注重晓之以理、动之以情的思想工作，讲求真诚、平等的交流原则，这样才能是真善美的教育。

案例 11

灵活帮助学生

丰华小学五年级（4）班的作文讲评课上，申老师让一个叫韩小龙的男生上讲台朗读，结果略有口吃的小龙遭到了哄笑。申老师索性让大家都趴在桌上，不看，只用耳朵听。终于，讲台上传来了轻轻的羞怯的声音。那的确是篇好作文，因为动情的缘故，同学们能够听到小龙的声音渐渐响亮起来，他已渐渐进入了状态。不少同学抬起头，用赞许的眼神注视着他。朗读结束后，教室里响起了一阵热烈的掌声。

（资料来源：教师考试案例分析 . http://wenku.baidu.com/link?url=4KG74zFuswXCT-_kcXv721LJ3DmGulhfgKUXQbOzQZAgzkwtJAgXeNSRi-t_u6th3jA576aQOlZhj14Dav1jOgCVNPr_XzRpVW-nVEqK2X7.）

【思考练习】

1. 本案例中，申老师是如何遵循激励原则帮助学生的？

2. 通过该案例学习，你认为教师应如何选择有利于学生发展的有效教学方法？

3. 请列举你在课堂学习中遇到的“突发”事件，说一下你的老师当时是怎么处理的。

4. 在课堂上，老师应如何巧妙针对不同类型的学生进行分类指导？

5. 如何在掌握了每个学生的性格特点后，有的放矢地实施个性化教育？请举例说明。

【小组讨论】

试分析本案例中，申老师为什么让一位口吃的学生上台朗读作文?

【案例分析】

本案例中的申老师坚持以人为本的学生观，坚持用发展的眼光看待学生，认识到学生是具有个性与差异的人，遵循了因材施教、分类指导的原则。申老师面对口吃的学生不轻蔑、不敌视，而是始终用自己的尊重、信任、宽容和爱心鼓励他，重新燃起孩子的希望，让孩子感受到被人尊重的喜悦，也体验到自己成功的快乐。

北京师范大学肖川教授认为：没有任何真正的教育是可以建立在轻蔑与敌视的基础上的。真正的教育只能建立在尊重与信任的基础上，建立在宽容与乐观的期待上。真正的教育存在于人与人心灵距离最短的时刻，存在于无言的感动之中。

案例 12

"递条子"

曙光小学二年级（1）班的班主任李霞老师经常采用"递条子"的方法调查了解学生的思想动态，解决学生的实际问题。今天，李老师收到这样一些纸条，有的写到：我放学回家不爱写作业，爱玩，一玩就是几个小时，作业写不完。我想改掉这个毛病，却总是改不了；还有的写到：我写作业时总管不住自己，东张西望，成了"老慢"。我该怎么办？……老师就这些问题分别给出了建议。对于爱玩的同学，老师回复这些学生回家先做作业，并且在家长的监督下完成，每次作业完成后家长必须签字。对于"老慢"的同学，老师回复学生做作业时要专心致志，并且让该同学的家长监督限时完成作业……李霞老师答复完后，会再用"递条子"的方式，交给相应的学生。

通过这种形式的调查和答疑，班里很多同学的问题得到了老师真诚的答复，老师和同学们的距离被拉近了。同学们也感受到了老师对他们真诚的关爱，无论身心还是才智都有了极大的提高。

【思考练习】

1. 试分析李老师为什么用"递条子"这种方法与学生沟通？
2. 本案例中，李老师的做法遵循了什么管理原则？
3. 你认为案例中用"递条子"来了解学生的方法有哪些利弊？
4. 如果你是李老师，你对案例中所涉及的学生问题如何回答？
5. 老师与学生常用的沟通方法有哪些？请分别举例说明。

【小组讨论】

根据本案例，说一说如果家长不能每天监督孩子写作业，你有哪些建议？

【案例分析】

本案例中的李老师采用“递条子”的方式，架起了一座与学生心灵沟通的桥梁，这是很有创造性的工作方法。原因有二：第一，善于体察学生的心理。针对学生心理的闭锁性，用这种办法与学生不见面而又能说“悄悄话”。针对学生反映的不同问题，给予不同的教育和引导。可以想象，当学生内心存在着苦闷和困惑的时候，有一个能够尽情倾诉而又能得到真诚帮助的机会，他们会感到多么愉快。学生在困境中得到的帮助和教育，往往会记忆犹新，印象深刻。第二，这种做法具有师生平等、民主沟通的作风。学生既可以无所顾虑地陈述心中的秘密，也可以指出老师工作中的缺点。老师的回答也许是循循善诱的教导，也许是默默无闻地改进自己的工作。

案例 13

收回权力

我所任教的班级是初一某班，为锻炼同学们的管理能力，我成立了一个班级管理委员会，并建立了一系列职务，由学生们来担任。其中，班长是班委会的核心，围绕在班长周围的还有生活委员、学习委员、劳动委员、体育委员等。虽然班委会的设置并不是新鲜事物，但如何使班委会发挥最大的作用却是一个新鲜的课题。在学期期中的时候，班级的卫生情况比较差，连续两周在学校的评比中被点名批评，这让作为班主任的我很意外。我建议生活委员调整一下工作思路，可之后几周的卫生状况仍不见起色。无奈之下，我将原生活委员撤职，让另外一位有能力的同学接替了生活委员的职位。事实证明，在换了生活委员之后，班级的卫生情况有了好转。过了一段时间，我将之前被撤职的生活委员安排在了其他职位。在新的岗位上，无论是在工作的态度上还是办事方法上，他都像换了一个人一样，出色地完成了各项任务。当然，我当初之所以敢撤这位同学的职务，也是对他有一定的了解的。这个学生平时心理承受能力强，为人也乐观开朗，如果换作性格内向、自尊心过于强烈的同学，我并不敢这样贸然行事。事实证明，在班级管理方面，过多地放权也需要适时地收权来配合，才能达到最佳效果。

（资料来源：方菲．班级管理．http:/www.jxteacher.com.）

【思考练习】

1. 你认为班主任在激励学生自主管理班级中扮演什么角色？你又是怎么理解这一角色的呢？

2. 本案例中，教师为什么要收回权力？

3. 如果你是班主任，班里出现了这样的情况，你会如何处理？

4. 结合本案例，你认为班级管理目标的制定应遵循哪些原则？

5. 你认为良好的班集体建设需要注意什么？

【小组讨论】

谈谈全员激励原则在调动班委工作积极性和主动性中的作用。

【案例分析】

在一定意义上，一个人的个性和行为是主动还是被动，是独立还是依赖，是开朗还是内敛，是开拓还是保守，是积极乐观还是消极厌世，是精神充实还是内心空虚，这些都不是我们可以主动选择的，而是生活与教育赋予我们的，是在不知不觉之中形成的。因此，作为教师的我们要尽可能地赋予学生积极的一面，发挥学生的主体作用，激发其自主管理、自主学习的热情，注意其良好的个性和行为习惯的培养。

本案例中的班主任能明确教师在新型师生关系中的参与、引导、协助、保护、督促作用，以学生为核心，放下架子，放手让学生做自己的主人，进行自主教育，极大地调动了学生自主工作的热忱，全方位地挖掘了学生的潜力。同时，又不失时机地收权、监督与督促，起到了良好的调节作用。这对培养学生主动、独立、开朗、快乐的个性，激励学生开拓进取、锐意创新具有很大的作用。

案例 14

一次小型的家长会

一天，学生张应的家里非常热闹，她的妈妈又是端茶又是倒水。在一起的还有张应几个同学的家长，他们都是同一个小区或是临近小区的邻居。他们谈得十分热烈与投机——这就是毛老师组织的一次小型的家长座谈会。她把住在邻近的几位学习上困难较大的学生家长约在一起，同时也邀请了对孩子教育比较有经验的两位家长，共同商讨如何提高孩子学习质量的问题。这样的小型家长会出席率高，而且因为相互都很熟悉，所以谈起来比较亲切，不受约束。

会前，毛老师把刚批改好的数学卷子分发给家长，很自然地引起了关于孩子学习的话题。毛老师逐个地分析了几个学生学习上的特点：“赵磊能准时交作业，但是错误比较多；邹佳基础虽然比赵磊好些，但作业拖拉现象严重，有时还编造谎话来骗老师……不过，这两个同学的脑子都很灵活，反应快，只要教育抓得紧，都是有希望的。邹佳的爸爸这次抓了一下数学，成绩马上上去了。”毛老师既提出问题，又热情鼓励，谈的又都是他们孩子的事，自然引起每位家长极大的兴趣。如同医生会诊，每谈到一个孩子，大家都议论一番，群策群力地寻找治病的良方。

为尽快地提高这几个孩子的学习成绩，有的家长建议组织校外学习辅导小组，大家一致赞同。于是，大家对小组的人选、时间、地点进行了一番热烈的讨论，校外学习辅导小组就这样诞生了。

【思考练习】

1. 本案例中，毛老师是如何激励家长参与学生管理的？
2. 如果你是班主任，你如何协调好家长，开好家长会？
3. 合作原则在本案例中是怎样体现的？
4. 你如何看待家庭教育对学生的影响？
5. 你认为在现代化信息技术如此发达的今天，班主任还有进行家访的必要吗？

【小组活动】

假设你是班主任，请设计一个基于家校合作原则的家长会方案。

【案例分析】

首先，这种小型家长座谈会议题明确，就几个学生共同的问题进行探讨，针对性强，尤其是请在处理类似问题方面有经验的家长参加会更有说服力。这样不仅可以就问题本身进行集体商讨，还可以借鉴有经验家长的建议，有效地解决问题。其次，这样的小型家长座谈会形式简洁，避免了烦琐复杂的组织过程，会议地点也节省了家长路途往返的时间，深受家长们的欢迎。

在这样的小型家长会中，班主任毛老师很好地就学生的问题与家长沟通，起到了穿针引线的作用，既解决了家长们面临的问题，促进了家长之间的相互了解，又使家长学到了科学有效的管理孩子的办法，提高了他们参与学校管理的积极性。

因此，小型家长会有助于学校教育与家庭教育的融合，有助于及时发现问题和有效地解决问题，有助于学生的全面健康成长。

案 例 15

早 恋

濮阳中学初三年级（3）班的班主任李老师正在办公室里备课，这时一个叫张华的男生来到李老师面前。只听李老师说："最近听班里同学说，你喜欢苏晴，是不是？"张华低头不语。李老师接着说："你本是个很聪明的学生，但是一直不好好学习，成绩也一直上不去，让你考飞行员吧，结果你也不好好考，现在又要早恋，是不是不想考高中了？"张华依旧不语。但是李老师明显不想放弃这个学生，继续劝说："你现在还小，才上初中，如果你考上好大学，视野拓宽后，就会知道现在的你很幼稚，你会在大学看到更多优秀的女孩子。你现在的任务是好好学习，考上好高中，让自己变得更优秀。而不是做这种现在对你来说没有任何意义的事。"听了老师这些话，张华看了看李老师，点点头。李老师说："自己好好想想，如果现在知道努力了，也不晚。"张华听后，说了声"谢谢"，便离开了办公室。

【思考练习】

1. 试分析评价案例中的李老师，面对班中的早恋学生她所采取的沟通方式怎样？有什么不妥之处吗？

2. 你认为案例中李老师和张华的谈话，能给张华带来影响和触动吗？

3. 你怎样看待当下普遍存在的中学生早恋现象？

4. 如里发现班里学生有早恋现象，你会第一时间通知家长以取得家长的帮助吗？为什么？

5. 老师如何成为学生的知心朋友，让学生平稳地度过这一时期？

【小组讨论】

根据上述案例，请你重新为李老师设计一个和张华的谈话内容。

【案例分析】

“早恋”是中学生教育中的顽症，也是中学班主任较头痛的心理教育问题。老师在处理学生“早恋”问题上，首先，要了解和掌握中学生的个性特点、年龄特点及日常心理特点，面对不同的学生，运用不同的语言，采取不同的教育方式。其次，引导工作要具有一定的针对性，思路清晰、谈话清楚、目的明确，使学生明理、益智。第三，要善于灵活引导。班主任可以选择一个合适的时间，适宜的环境，采用聊天、谈心等多种方式，走入学生的内心世界，循循善诱地合理引导。第四，要善于激励，班主任要用辩证的、发展的眼光帮助学生分析问题，调动其积极的情绪，从而使其振作精神，增强信心，投身于学习和生活之中，这样才能最终取得良好的教育效果。

第三章
班级组织管理

最有价值的知识是关于方法的知识。

——达尔文

案例 1

转变班风

本学期初，车疃中学的王欣老师接手已经换了两个班主任的初中二年级（1）班。由于“问题学生”多，课堂纪律不好，该班成为学校有名的“问题班”。王老师接任后，通过与任课教师的交流、与学生的接触和家访，发现这个班不仅学习成绩与同年级平均分数差距大，后进生数量多，而且班级的风气、卫生、纪律也十分不好。面对这些问题，王老师的压力很大。

王老师通过一个星期的观察和分析，意识到班级组织建设对一个班级的发展具有至关重要的作用。这个班级主要存在三个问题：首先，学生的卫生习惯、听课习惯都不好，自由散漫严重，导致大部分学生无心学习，没有明确的学习目标，学生自己没有意识到他们这些行为给班级带来了多么不好的影响。其次，班级没有明显的共同奋斗目标，班级学生不团结，凝聚力也不强。最后，一些班干部也并没有起到模范带头作用。王老师认识到，要想提高班级的整体水平，就必须对班级进行合理的组织建设。所以，王老师打算从班干部抓起，先召开了班干部会，对班委成员进行了思想教育，消除“班级是靠老师管理，与学生无关”的思想。王老师教育他们，班级不是靠一个人的力量就能变好的，而是靠大家的共同努力，因此，作为班干部更应该起到表率作用。经过讨论，大家决定从班级的卫生抓起，先召开一次主题班会，由班长和卫生委员负责主持，并把每组每周一轮改成每天一轮值日，便于检查后及时反馈，并让班级中愿意为同学服务、有工作热情的学生轮流担任监督委员。通过大家的努力，这次主题班会开得非常顺利。在班干部的组织下，经过全体同学的共同讨论，班会明确了“讲究卫生，从我做起”的口号。此外，这次班会使学生干部和普通学生，都渐渐意识到只有班内的每一个同学的思想意识提高了，班干部的工作做好了，班级才会进步，才会发展。王老师借此机会，与同学们一起制定合理的共同奋斗目标，目的是增强全班学生的凝聚力。王老师告诉同学们：无论遇到什么事情，只要全体学生能够团结友爱，就能齐步向前。

经过一段时间的努力，班级的纪律和卫生大幅度改善，学生的学习积极性和学习成绩也有所提升，学生干部渐渐地成为王老师的得力助手，班级工作效率大大提高，各项工作慢慢步入正轨。

（资料来源：齐学红：《班级管理》，武汉，武汉大学出版社，2011.）

【思考练习】

1. 王老师刚接手这个班级时遇到了哪些难题？
2. 王老师是怎样解决班级的组织建设中存在的问题的？
3. 如果许多学生对班干部不满意，作为班主任，你该怎么办？
4. 制定班级组织目标的策略是什么？
5. 班级组织建设的过程一般要经历哪几个时期？

【小组讨论】

如果你是班主任，你认为制定班级组织目标应遵循的原则有哪些？选派一位同学，代表小组发言。

【案例分析】

班主任王欣老师迎难而上接手一个“问题班”后积极寻找整顿班级的对策。王老师观察和分析班级存在的问题，积极与任课教师、家长和学生沟通，找出症结所在。她认为搞好本班管理最重要的工作是纠正学生行为习惯、树立班级奋斗目标和发挥班干部的表率作用。

首先，她从最基本的问题抓起，召开班委会，强调班干部做好本职工作和起到表率的重要性。她悉心指导班干部开展各项工作，帮助班干部提高管理能力和协作能力。班干部在工作中得到了锻炼，带领同学们共同进步。其次，在转变了班委们的思想后，她提出了班级奋斗目标。目标是增强班级的凝聚力和同学们的团结协作能力。最后，她带领班干部和其他学生从制定班级奋斗目标和搞好卫生开始开展各项工作，通过班干部组织，同学们共同努力，本班各项工作迈上正轨。在此过程中，王老师注重调动每一位同学的积极性，增强全班同学的凝聚力，不仅改变了学生的思想意识，改善了班级纪律，提高了本班的成绩，更重要的是锻炼了班干部的组织管理能力和合作能力，使本班的班级组织建设有了一个良好的开端，为今后的班风建设奠定了基础。

案例 2

纪律委员的改变

新华中学的张岳海老师这学期接手初二（5）班。由于这个班的成绩和风气十分差，张老师认为，要想整个班级有所改变，就要从核心力量抓起，所以张老师决定从班级组织机构的建设出发，先整顿班级委员会。开学不久，就有学生反映，纪律委员刘涛经常在自习课上带头说话，课间也十分吵闹。张老师通过侧面了解后，认为情况属实。刘涛身为纪律委员，不以身作则还带头在自习课说话。张老师立即采取了措施，在班会上宣布撤换纪律委员的消息，并宣布下周进行纪律委员的竞选活动，让同学们好好表现。当看到刘涛的情绪低落时，张老师有些后悔自己的决定，但为了使整顿班风班纪的工作顺利完成，他不得不这样做。放学的时候，张老师找刘涛进行谈话，先让他反思自己之前的行为，并告诉他老师为什么做出这样的决定。经过一番教诲后，刘涛向老师认了错，并检讨自己：身为纪律委员，不但没有维持班级纪律，起模范作用，还带头违反班级纪律，给班级带来了不良的影响。刘涛下决心以后一定改掉坏毛病，让老师看他的表现。

一周很快过去了。张老师通过一周以来对刘涛的观察，以及从其他学生那里了解情况，看到他确实有了很大的变化，在改掉上课说话的坏毛病的同时，课下还帮助班里学习上有困难的学生解决问题，而且还替请假的同学做值日……这些表现，张老师都记在了心里。班级纪律委员的竞选活动如期开始了，有三个学生参加了竞选，其中一个是刘涛。根据三位同学的竞选演讲，学生开始民主投票。当张老师统计完票数后，有些吃惊但又很欣慰，因为刘涛的票数最多，这说明他这一周以来确实有很大的改变。同学们都看在眼里，也愿意相信他，并再给他一次改过的机会。于是，张老师正式宣布刘涛继续担任纪律委员这一职务。刘涛对自己之前的行为向班级所有学生表达了歉意，而且也感谢大家能够给他一次机会，继续相信他，并请全班同学共同监督他。这时，班里响起一片掌声……看到这一幕，张老师很欣慰。

（资料来源：李素敏：《新时期班主任工作技能强化训练》，北京，中国林业出版社，2011.）

【思考练习】

1. 根据案例，说说张老师的成功之处在哪里。
2. 教师在进行班级组织机构建设过程中应注意什么？
3. 作为班干部，应该具备哪些基本条件？
4. 如何对班干部进行选拔？
5. 如何对班干部进行培养？

【小组讨论】

谈一谈班干部管理的策略，小组代表总结发言。

【案例分析】

张老师认为要想改变班级的面貌，需要从班级组织机构建设抓起。他没有直接找纪律委员谈他上课说话的情况，而是进行了调查，这种做法值得肯定。在经过调查、发现情况属实的情况下，张老师采取了撤换和重新竞选纪律委员的方法。同时，当他观察到刘涛情绪低落时，及时与这位学生谈话。通过谈话，张老师维护了刘涛的自尊心，刘涛也意识到自己所犯错误的严重性，并保证以后一定改掉自己的坏毛病。一周的时间对刘涛来说并不长，但毕竟给了他表现自己的机会。

张老师采用民主选举、公平竞争的方式选拔干部是非常正确的。所有学生都参与到竞选和投票的过程中来，让学生真正地感受到自己不仅是被管理者，同时也是班级的主人。在班级中有行使权利的资格，使学生对张老师更有信心，这是学生们从来没有体会过的。在整个处理过程中，张老师表现了在培养班干部方面的智慧和耐心。

案例 3

竞选班委

新学期开始了，新华中学初二（3）班的班主任张老师在谋划班委会组建工作。首先，张老师让学生毛遂自荐参加竞选。陈刚学习成绩偏科，语文成绩稍弱些，在班上进行干部竞选活动时，只见他大步走上讲台，紧张地说："我想竞选副班长，因为我在上小学期间一直担任副班长，我擅长与老师、与同学们沟通，能为同学着想，能协助老师和班长管理好班级。"张老师想利用他渴望上进，数理化成绩比较好的优势提高他的语文成绩。于是，张老师提议让陈刚先试试担任一段时间的副班长。最后，经过选举，成绩优秀、威信高的班委产生了。

之后，张老师找陈刚谈心，希望他各科成绩能齐头并进，力争在学习上为同学做出表率。陈刚经过一段时间的努力，语文成绩明显提高，在期中评选"最佳进步奖"时，同学们都不约而同地选他。陈刚非常高兴，期末考试进入了前五名，当班干部的责任心也更强了，在本学期班干部改选中，被同学们选为学习委员。看到陈刚的进步，张老师由衷地替他高兴。

【思考练习】

1. 如果你是张老师，你是否同意让偏科学生竞选班委？为什么？

2. 在案例中，张老师把"偏科"学生转变为"全科"学生采取了什么措施？

3. 班干部应具备哪些素质和能力？

4. 班干部应该定期改选还是不定期改选或用其他形式选举？说明理由。

5. 你认为民主选举班委好还是通过班主任指定班委好？说明理由。

【小组活动】

作为班主任，请设计一次选举产生班委成员的活动。

【案例分析】

民主选举、平等竞争是班级组织建设的重要环节。班主任要注意对潜在人才的发掘，细心观察学生，根据学生的特长衡量他是否能担任某一方面的干部，使学生在未来的工作中能够施展自己的才能。班主任还要对民主竞选中新上任的班级干部有意识地观察，要让通过民主选举和公平竞争选出的班干部真正成为班级的主人。

本案例告诉我们，只有让那些真正有能力、有威信、大家信赖的同学进入班委会，他们才能得到同学们的信任和拥护，以及心悦诚服的支持和配合。同时，这些班干部在班主任的指导下，在自我管理中，不断进步、健康成长，不仅成为老师的得力助手，也提升了个人的综合实力。

案例 4

班级中的小团体

建设小学五年级（1）班有十来个男生是班里不守纪律的“活跃分子”。班主任李老师为了分散他们的力量，把他们分在了不同的组。但他们下课后依旧经常聚在一起，和其他班级的学生发生冲突。经过观察，李老师发现张强是这个团体的“头”。于是，李老师决定从张强入手，逐步融入他们的小团体中，给予他们正确的引导。

一天，李老师发现张强没有完成英语作业，就抓住这个机会把他叫到办公室，询问了解这个小团体的情况。从谈话中李老师得知这个小团体的大部分人都喜欢篮球。他们经常在一起打篮球，因为争强好胜，和其他班的同学经常有些小摩擦。李老师从谈话中也了解到张强的号召力很强，班里男生女生都非常听他的。每次轮到张强值日，班里的纪律就特别好。张强也慷慨大方，把自己的篮球、动画片和好吃的零食与同学们分享，因此能一呼百应地召集同学们。于是，李老师给他布置了一个任务，让他带领同学们在年级即将举行的篮球比赛中赛出好成绩，在整个年级中展示五年级（1）班的风采。张强爽快地答应了。

从那以后，张强一下课就带领这个小团体苦练篮球。他们经常在一起切磋球技，很少和其他班的同学们发生冲突了。经过一段时间训练，五年级（1）班的球队在张强的带领下，夺得年级篮球赛的冠军。通过本次比赛，这个小团体不仅增强了全体同学的凝聚力和团结意识，而且拉近了他们和其他班级同学、老师的距离。在日后的学习和生活中，他们不再以小团体的形式出现，而是融入了这个团结友爱的大家庭之中。

【思考练习】

1. 你对李老师对待“班级中的小团体”所采取的方式方法有哪些不同意见？

2. 班级小团体有哪几种类型？

3. 你对班级中小团体“头目”有怎样的看法?

4. 针对班级中消极小团体问题，你能够提出哪几种解决方案?

5. 如何教育和引导消极小团体，提高班级的管理水平?

【小组活动】

围绕“班级团结”这一主题召开一次主题班会，加深学生对于班级团结的重要性的认识。

【案例分析】

本案例中谈到的小团体，是班级管理中经常遇到的问题之一。大部分老师对这样的团体都持反对态度，出现后大多采用分化瓦解、逐个转化的方法解决，但转化起来却比较困难，如果不能从源头上找原因，堵塞这种团体形成的渠道，并把它遏制在萌芽之中，就会比形成后再做工作瓦解更难。要彻底而有效地解决小团体问题，首先班主任要对班里存在的小团体做一次摸底调查，对班内的各种团体多观察、勤了解，做到心中有数。在一般情况下，班级中出现小团体后，班主任要细心观察，耐心引导，别让他们和班级积极向上的班风作对，要公正地对待各种学生团体，不可偏爱正式团体，为难、歧视、攻击非正式团体，特别是不要对某些表现欠佳的非正式团体横加指责、强行解散，也不要对其视而不见。其次，班主任将班级中的小团体进行分类，针对不同类型的小团体采取不同的措施加以引导，尤其要做好消极型团体的工作。对于积极向上的小团体班主任要加以扶持，可以将班级中的所有这一类型的团体团结起来，使之成为班里的主流从而来带动和影响其他的小团体更好地融入到班集体中来，逐渐将这些团体纳入到班级的正式团体中。对中间型团体，班主任可鼓励他们向较好团体学习，并帮其分析各成员长处和短处，鼓励其取长补短，共同进步；也可把团体中有能力和威信的同学提拔为班干部，由这一部分同学带领这一类型的团体朝积极型团体发展。对班内较后进的消极型团体，班主任更应尊重和关怀，引导他们健康发展，充分发扬班级正能量，使班集体关系融洽，目标一致，使同学们为了集体的共同目标和利益，积极发挥各自的作用。只有这样，班主任才能充分了解并解决小团体集中的问题，利用现有团体组合情况，发现其存在的益处，并适时转化，以期发挥其正面积极作用。

案例 5

班委会的产生

新华区实验小学实行的是小班化教学。关于班干部的选择任用问题，六年级（1）班的班主任张老师根据每一个孩子都有表现欲望的心理，在班委竞选活动中引入竞争机制，给每位学生锻炼的机会。张老师首先确立竞选原则，采用毛遂自荐加学生推选、民主评定的办法组建班委会，以培养学生的自我表现能力与管理能力。参选者发表几句简短的竞选演说，说明自己的长处与管理措施，以及如何扬长避短，最大限度地发挥自己的优势；老班委要做好新班委的指导工作，新老班委要搞好衔接；各班委除做好本职工作外，还要有创新之举；工作失误不要怕，只要及时调整就可以；试用期为两周。由于竞选规则明确、各班委分工清晰，同学们都根据自己的特长和能力，积极投入到班委竞选中。在这个只有35个学生的班级中，竞选劳动委员这一职位的人就有6人。同学们都说："我也能竞选班委了！"

【思考练习】

1. 你对张老师让学生竞争当班委的做法有什么看法？
2. 如果你是班主任，如何挑选班委成员？
3. 你了解班委会各委员的工作职能吗？
4. 如何协调班委成员之间的分工和合作关系？
5. 如果采用竞选班委活动，你会制定什么样的竞选规则？

【小组活动】

如果你是新任班主任，请在小组内分享你挑选班委的做法，并对其他同学的做法给予评价。

【案例分析】

班委会是班级管理的骨干和轴心，是班主任开展工作的得力助手。一个班级管理的好与坏往往取决于是否拥有一个深受全班同学信服、拥护的班委会。既然班委会在班级管理工作中如此重要，那么如何才能真正发挥班委会的作用呢？本案例中的张老师采用了竞选的方法来认真选择班干部。

竞选班委活动则可以有效地调动学生的参与热情，使学生通过竞职演说反思自己的优势与不足，认识到自己在班级中的作用，从而增强班级责任感。张老师组织的这次班干部竞选活动能够对学生形成一种令人感奋的外界刺激，能够触及学生的某种需要，并引起其心理活动的一系列反应，从而把他们潜在的尚未意识到的高层次需要引发出来，调动他们的积极性、主动性和创造性，促进其把外界的刺激内化为个人的自觉行动。因此，竞选班委要从学生的需要出发，调动他们的积极情感，强化他们的自信。让学生参与班干部竞选不但给予学生心理需求最大的满足，还充分调动了学生在班级管理中的积极性，为今后一系列的班级活动做好了准备。

案例 6

班级规章制度的形成

开学后的第一周，育红中学初二年级（3）班的教室里，班主任赵晗老师在开修订班级规章制度的讨论会。赵老师告诉学生，每位同学都是班级的一员，不仅是班规的执行者，也是班规制定的参与者。良好的班风的形成，离不开班规和班规的遵守者。在赵老师的组织下，同学们就班级规章制度建设，充分发表自己的观点和意见，畅所欲言。班长逐条记录同学们的建议，形成了本班的班规初稿。在此基础上，赵老师对班规进行了修改。赵老师提出“班规面前人人平等”的理念，学生们都很认同赵老师的观点。在班规制定过程中，赵老师认真倾听每位同学的建议，像朋友一样与学生交换意见，而不是高高在上的班主任。这不仅提高了赵老师的威信，更增进了老师和同学间的感情，减少了代沟和距离感，而且更使同学们自愿遵守班级规章制度。之后，赵老师又让班委组织学生集体修改了两次班级规章制度。这项活动不仅完善了班级管理规章制度，也锻炼了班干部的组织和管理能力。

【思考练习】

1. 案例中的赵老师为什么要组织全班学生集体制定班级规章制度？
2. 在制定班级规章制度的过程中应该注意什么？
3. 如果你是新任班主任，你会怎样制定班级规章制度？
4. 制定班级规章制度中，如何发挥班干部的作用？
5. 如果有同学偶尔违反了班级规章制度，作为班主任，你会怎么办？

【小组活动】

假定小组成员均为班委会成员。以“没有规矩不成方圆”为题，班长组织班委成员制定课外小组读书活动规则。

【案例分析】

班级规章制度的制定是为了使全班同学形成良好的学习、生活习惯，提高学习、生活的自觉性，自觉遵守班级纪律，积极参加班级各类文体活动，为班级争荣誉，以期通过全班同学共同努力，塑造优良的班级风貌。赵老师能认真倾听学生意见和建议，提高了班主任的威信，并根据实际情况，及时修改规章制度，不断完善班级管理过程中的不足，这是值得学习的。赵老师让学生们各抒己见，经过讨论、修改、通过，共同制定了班规，不盲目地行使自己的权利，使学生们在情感和理智上都认同班主任和班规。这种做法为日后高效地管理班级奠定了基础。更重要的是，赵老师有意识地让班委成员参与班级规章制度的讨论与制定，锻炼了班干部的管理能力。

案例 7

班干部的威信

阳光小学三年级（2）班的班主任柴老师为了帮助班干部树立起他们在同学们心中的威信，他首先教育班干部要做同学们的表率，以身作则，要有奉献精神，热心为同学服务。其次，在适当的时候，如果班里有亟须解决的事情，柴老师就让班干部去办，并协助其圆满完成，让同学们亲眼目睹处理事情的经过。而对于班干部的工作成果，柴老师在班中加以表扬，从而使其他学生对班干部产生敬佩之情和信任之感，这有助于树立班干部的威信和自信心。

柴老师充分利用一切机会为班干部树立威信，为他们能够独挡一面助其一臂之力。他经常在班会上表扬班干部的一些正确做法，每次班级获奖时，让负责该具体工作的班干部去领奖。相反，如果某个干部由于认识或者其他方面的不足，做了不合适的事情或发布了不合适的命令，柴老师从不当着全班同学的面指责或者批评这位班干部，而是课后单独找其了解情况，再视情况引导或做出批评。柴老师一贯坚持用班干部的“闪光点”去影响、感触其他学生，使班干部有资格、有能力去组织学生，顺利地开展班级管理工作。

【思考练习】

1. 本案例中，柴老师采用了哪些方法为班委成员树立威信？
2. 就培养班干部的讲话技巧，你的建议是什么？
3. 如何培养班干部之间的合作能力？
4. 你认为采用哪些措施能落实班委成员岗位责任制？
5. 作为班主任，你应如何了解和利用班干部的特长，发挥班委会作用？

【小组讨论】

假如你是班主任，你如何帮助班委成员树立威信？

【案例分析】

在帮助班委树立威信的过程中，柴老师在培养班干部方面展现了他的智慧和耐心。柴老师十分注意尊重学生自尊心，他的做法从不挫伤学生的自信心，而是激励班委再接再厉。柴老师充分利用每个班委的特长，让其发挥长处，这使得柴老师和班委之间很容易达成共同的目标。在处理问题时，柴老师和班干部彼此间以感情为重，宽容相待，使班级具有很强的凝聚力。优秀的班干部队伍一旦形成，班级就有了核心，班级的发展就有了希望。

案例 8

反 思

四合中学初一年级（4）班的班长刘顺心，年龄较其他同学大，在班内威信很高，同学们甚至有些怕他。他责任心强，具有一定的组织能力，但有些自以为是，不是很注意细节，遇事容易自作主张。

一个星期三的早晨，班主任甘老师与往常一样到校后先到班里查看学生的自习情况。一到班里，甘老师发现学生重调后的座位并不是班里原来商定好的“2-4-2”式，而是“4-4”式。他很不高兴地问：“是谁让你们这样坐的？”学生说：“班长。”班长理直气壮地跟甘老师解释：“那样坐，太挤了。”甘老师很生气，用命令式的口吻说：“换过来！”

事后仔细想想，甘老师为自己的冲动行为而暗自后悔。他的心情很不平静，后悔自己处理问题的方式和态度，既给学生留下了的不好印象，又影响了班长在同学们中的威望。当甘老师到班里上课时发现同学们都已调回到原来的座式，他感到很惭愧。随后甘老师没有逃避问题，主动和同学们坦白了自己的心迹：“老师之所以想让同学们以‘2-4-2’的方式排位，是因为之前我征求过其他老师的意见，他们也都认为这种排位非常整齐，便于大家的学习。如果同学们都认为‘4-4’排法较好的话，老师也会尊重大家的意见，咱们下课就可以换过来。”出乎甘老师意料的是，同学们都说：“这样好！”班长不好意思地低下了头。

这时，甘老师恍然大悟，原来班长并没有征求同学们的意见，而是自作主张，独断专行。当时，甘老师意识到当着全班同学的面不能让班长的颜面扫地，教育班长的机会应该放到下课以后。因此，甘老师没有批评班长，反而心平气和地说：“班长在这件事上确实欠考虑，虽然我们都知道他的出发点是好的，是为大家着想。因为我们班现在确实人很多，‘4-4’排法可能会显得宽松一些，但是即使如此，也应先了解同学们的想法才可以。我相信同学们还是可以理解班长的。”同学们都在点头。这时，班长抬起头对着甘老师笑了，微笑中带着感激和惭愧，少了一些自大。从那以后，班长好像变了，变得谦虚谨慎。他的心中装进了老师和同学，更装进了班级。

【思考练习】

1. 谈谈你对班主任的做法有哪些看法。

2. 班主任甘老师处理上述事情的方式有哪些值得借鉴的地方？

3. 你对这个班班干部的表现如何评价？

4. 假如你是班主任，通过学习这个案例，当你与班干部在班级管理上出现分歧时，你应该如何处理？

5. 如果你是班主任，会如何帮助班长克服性格缺点，促进其转变？

【小组讨论】

结合本案例，分别谈一谈甘老师和刘顺心的反思。选一代表总结发言。

【案例分析】

班级组织管理是班主任工作的重点之一。在组织管理中，班主任要及时看到班干部的长处和不足。他们取得了成绩要及时表扬，犯了错误应及时批评，遇到困难，及时给予帮助。对班干部犯的错误，切不可姑息袒护，更不能放任不管。这样，班级才能形成人人平等、没有“特权学生”的良好氛围。

班干部既要接受班主任的领导，又要接受同学的监督，为同学服务。因此，班主任指导班干部协调好各方的关系是非常重要的。一方面，班主任要引导班干部在纪律、学习等方面做到以身作则，率先垂范；不仅严格要求自己，还要和同学们建立真诚平等的关系。另一方面，班主任要提醒班干部尊重同学们赋予自己的权力，要有服务同学、服务班级的思想和行动；要常常反思个人言行，不断地纠正错误，无愧同学对自己的信任。

案例 9

干群关系巧处理

育华中学一年级（4）班的班主任杨老师正在数学课上讲新课的时候出现了这样的一幕。他讲完例题，出了四道练习题，让四位学生上讲台来做。四位同学在答题的时候都出现了一些小失误。当他讲到杨莉莉做的那道题并指出她做题时失误的地方时，台下居然有人喝倒彩。这时，杨老师注意到杨莉莉同学的脸涨得通红，课堂的气氛也一下子尴尬到极点。为了挽回课堂的气氛，杨老师说："同学们，你们可得注意了，这些细节的问题都是每个同学很容易犯的错误。大家只有认真听讲，才能在做题的时候避免出现错误。"

课后，杨老师一直在思考为什么会出现这种情况。杨莉莉是本班的副班长，按常理不应该出现这种状况。难道杨莉莉同学的人缘不好？没有调整好班干部与同学之间的关系？于是杨老师私下找了个别学生和班干部了解情况，才知道杨莉莉同学在和其他同学交流沟通的时候，总是用命令的语气说话，而且杨莉莉在自习课的时候有时还和其他同学说悄悄话，但是她却不让别的同学说话。在了解完情况后，杨老师私下找来了杨莉莉同学，准备给她做一下思想工作。

通过交谈，杨莉莉承认和其他同学相处得不是很好，可能是她给同学分配任务的时候，讲话的语气不太好，自习课的时候偶尔会跟同桌说话，没有做好榜样。杨老师就顺势对莉莉说道："作为班干部，凡事要起到带头作用，任何时候都要严格要求自己。此外，与同学交流时，要注意自己的言行，因为班干部对其他同学来说，除了是班干部外，还是他们的同学和朋友。所以，你要注意处理好这方面的关系。另外，作为班干部，要有为同学服务的思想，不能凌驾在同学之上。如果遇到较难处理的问题，告诉我，老师会帮你解决！你回去好好地想想，相信今后你能处理好这方面的问题。"

【思考练习】

1. 请你对本案例中的班干部进行评价。
2. 你怎样看待案例中班主任的做法？为什么？
3. 如何帮助班干部处理好他们与同学之间的关系？并说明理由。
4. 如何培养班干部与同学们友好相处的意识？
5. 怎样发挥班干部的模范带头作用？

【小组讨论】

以主题班会的形式讨论如何培养良好的干群关系。

【案例分析】

班干部是班级的“领头羊”，是全班同学的榜样。本案例中，杨莉莉作为班委成员，在日常的学习中，没有真正地起到班干部的模范带头作用，严于律人，宽以待己，从而降低了自己在同学们心目中的威信。因此，班主任要善于观察班干部的表现，定期与他们交流、沟通，了解他们的所思所想所为，帮助、提醒他们做一个同学喜欢、信任的好干部。

班干部是班集体的核心，是班主任的得力助手。本案例中的杨老师通过深入班干部当中询问情况，了解到杨莉莉在课上受到同学起哄的原因，及时对她加以引导，促进其进步。班主任对班干部的指导，除了培养他们如何做好自己的本职工作外，还应教育班干部要及时把班里最新的状况反映给班主任，让老师及时地了解班级现状。如果其他班干部把杨莉莉的行为早些时候反映给班主任老师，课堂上那尴尬的情境可能就不会出现了。

案例 10

班干部轮换制

本学期，曙光小学六年级（1）班的班主任石老师在班级中试行班干部轮换制，即在每周五的下午进行一次竞选演讲和总结活动。

在班干部竞选的活动中，变化最明显的是闫旭同学。通过竞争，她当选了学习委员一职。一直以来，老师都觉得她是一个没有主见、办事能力弱的学生。以前，班级有什么事情，老师从没指派她去做过。可是，她在担任学习委员这段时间的表现，令石老师对她刮目相看。每节课上课前，她都会到黑板前组织同学读书，等待老师的到来。接下来发生的一件事更让石老师很感慨。那是周三的中午，石老师来到班级督促学生打扫卫生，这时闫旭走过来对他讲述了张强的表现：上课前同学们都在读书，只有张强对闫旭做着鬼脸，故意捣乱，闫旭就假装没看见。数学老师来了，闫旭也没告诉老师。下课的时候，张强在操场上跳绳，闫旭走到他身边对他说同学们都在读书，只有他与众不同，如果张强是因为她当学习委员不够格，才不听她的指挥的话，下节课上课前由张强来指挥，这个学习委员的位置就让给张强。这时，张强连连摆手说他可不行，并保证以后再也不捣乱了。听了闫旭的一番话，石老师感到学生真正懂事了，遇到问题后能够动脑思考，自己找到解决问题的方法，而且解决得这样圆满，出乎老师的意料。闫旭的出色表现让石老师感受到了她的管理天赋，更坚定了继续实施班干部轮换制的决心。

班干部轮换制实行一段时间以来，看得出同学们特别喜欢每周五的竞选演讲和总结活动，他们都能够积极参与，认识到自己是班级不可缺少的一员，感受到通过自己的努力能改变班级面貌的愉悦，认识到自我的价值。班干部轮换制让每位学生都有展露才能的机会，有利于学生的全面发展。

【思考练习】

1. 本案例中，石老师是怎样实施班干部轮换制的？
2. 你怎样评价闫旭同学担任干部期间的表现？
3. 你认为该学生有当领导的天赋吗？为什么？
4. 实施班干部轮换制有哪些利弊？如何避免“弊”？
5. 你认为基于轮换制的班干部任期多长最为适宜？

【小组活动】

假如你是班主任，你认为在班干部轮换制实施过程中应注意什么。召开班干部集体会议，请代表发言。

【案例分析】

众所周知，班干部轮换制对培养学生的自我教育能力、自我管理能力和自我约束能力具有重要的作用。本案例中，石老师采用了班干部轮换制，极大地调动了大部分学生的积极性，像闫旭这样有潜力的学生拥有了一个展示自己能力的平台。然而，实施班干部轮换制需要注意三点。第一，班干部轮换制要定期轮换，人人有机会。开始实施班干部轮换制的最佳时期是一年级，班里的工作可设多岗，便于有更多的学生从一年级就开始参与班级管理，有更多的锻炼机会。班干部的任期可以每月轮换一次，也可适时轮换。第二，班干部的组成要结构合理，有男有女，表现好的同学可以连任，形成新老结合的班干部队伍。第三，要制定班干部评价制度并认真落实。班主任在班干部轮换制中要把握好方向，要定期召开不同层次的班干部会议，对班干部的工作给予指导和评价，帮助班干部解决问题，使其不断进步。具有多次担任班干部的经历和经过长期的锻炼，到六年级的时候，班级会产生一批优秀的班干部。

案例 11

我来当老师

今天上午，青年路小学三年级（4）班的第一节课是英语课。上课铃响了，英语老师还没来。此时，教室里不再安静了。学生们都在互相说话，有几位学生开始来回走动，还有两位学生扒着门框看英语老师有没有来。这时，英语课代表李慧站起来，走到讲台前，大声地说："王老师没有到，一定是有事。现在我来当老师！大家打开书，先跟我读单词，之后就听写。我会把表现好的同学的名字写在板报上，把表现不好的告诉班主任马老师。"同学们听后非常配合，一起大声跟读单词，认真听写单词。李慧这个小老师当得还真是不错！

【思考练习】

1. 结合本案例，你认为该班上课初的那阵纪律混乱状态说明了什么？
2. 课代表李慧的做法说明了她具备哪些素质？
3. 该班学生后来与课代表李慧的配合说明了什么？
4. 李慧的表现反映了哪些班级管理效果？
5. 请说说班主任马老师对班干部潜在的影响。

【小组讨论】

结合本案例，说一说课代表的职能。

【案例分析】

本案例中，三年级（4）班上英语课时因为老师的未到而出现了一段时间的混乱。这说明该班的班长和纪律委员在这种突发情况时未出面或者不知如何处理，反映了班主任在这方面对班干部的指导比较欠缺。但是，课代表李慧挺身而出改变了班级的混乱状况。这不仅说明了李慧同学具有认真负责、灵活机动、方法适度的工作能力，也反映了班主任对课代表的教育与培养之效果。在班干部队伍建设中，班主任老师应当选用责任心强、能力强的干部，定期对班干部进行民主测评，对不履行职责的班干部进行教育或者调换。此外，班主任应加强对班干部综合素质的培养和教育，及时应对突发情况，让他们逐渐成为班主任的得力助手。

案例 12

人人参与，天天总结

汉光路小学五年级（1）班在学校是优秀班级。班主任张芳老师为了管好此班，想方设法调动每位同学的积极性，采用了多种班级组织管理策略，使该班的班风健康、向上，班级环境和谐、温馨。该班的组织管理实施“轮流班长制”“小组值班制”和“天天总结制”的管理方法，为建设优秀班集体和营造良好班风奠定了基础。

第一，轮流班长制。该班的班长由班级里的同学轮流担任。在当班长的这一天，该同学要负责整个班级的纪律管理，记录学生当天课堂表现、加减分情况等各项班级管理事务。该制度能够让每一位同学有机会参与班级管理，既培养了同学们的责任心，也使同学们体会了班级管理工作的辛苦，促使每位同学在班级管理过程中互相理解、互相配合。

第二，小组值班制。班里一共48个人，每4个人一组，每组选一个小组长。各科老师上课时会以小组为单位进行讨论发言，并以组为单位加减分，同时每个同学也都有记分，一月一总结，对表现好的同学进行奖励，对表现不好的同学和小组进行督促。

第三，天天总结制。班级每天对当天事务进行总结。班主任会在每天下学的时候，让班长、劳动委员、纪律委员和学习委员来讲台上总结一天的加减分记录情况和今天的卫生情况，提醒同学们老师布置的作业，最后再由班主任进行总结。

【思考练习】

1. 一天一换轮流班长制的利弊是什么？
2. 所有工作都用分数计算，以此评价一个学生，这种方法有哪些利弊？
3. 本案例中，张芳老师在班级组织管理中充当的角色是什么？
4. 作为班主任，你会如何任用班委？
5. 如果你是班主任，你是否会使用张老师的“三制”管理法？为什么？

【小组讨论】

依据本案例，对张芳老师的“三制”管理进行评价。小组代表总结发言。

【案例分析】

本案例中，张芳老师采用了“三制”管理法。每天每人轮流当班长，给每个同学机会参与班级管理，这种做法值得借鉴。在整个活动中，教师并不是什么都不管了，而是花费了比平时更多的精力，适时点拨，有时还需亲自上阵，帮助学生处理困难，让学生干部感受到了成功的喜悦，而不至于有失败感。

四人一小组，不仅有益于每个人有更多表现的机会，而且更有利于团队合作力和责任感的培养。在组织和活动中，教师要对组长进行培训，对学生进行及时的指导，让学生学会如何独立完成任务、如何小组合作完成任务和如何交流等技能。对于小组合作中出现的不规范、不规则行为，教师或组长要及时指出并加以矫正，为增强小组团队建设起到积极作用。

班主任在听取值日班长的工作总结时要及时评价，总结当天轮流值日班长好的做法，指出其管理不到位之处，为后来的值日班长提供经验，使他们多学习一些管理班级的办法，少犯错误，从而使班级管理进入良性循环。

案例 13

竞选班长

新华中学初一（5）班的竞选班长活动开始了。同学们非常活跃，有的想选学习好的，有的想选体育好的，有的想选和自己关系好的。班主任蔡老师了解到这些情况后，对学生们说：“每个同学在自己选的班长后面写上合理的理由，德智体美劳各个方面都可以。最终班长人选不仅要看投票数量，还要看投票的理由是否充分。”最后，班里品学兼优的李海涛当选为班长。蔡老师把李海涛的优点和票数写在了黑板上。同学们看了，心服口服。

【思考练习】

1. 蔡老师是如何处理竞选班长中出现的问题的？
2. 如果班主任直接任命学习成绩好的学生当班干部，会是什么结果？
3. 谈谈你对此次班长竞选的看法。
4. 这个班竞选班长的标准是什么？
5. 你认为什么样的学生可以当班长？

【小组讨论】

如果你是班主任，你知道班长包庇同学的错误，会怎么做？

【案例分析】

一个班级好比是一个剧团，班主任是导演，班干部是主角，普通学生就像一般演员，只有充分发挥班干部的“主角”作用，班级管理这出“戏”才能演得更加圆满成功。因此，对班干部的选拔显得尤其重要。

在选拔班干部之前，首先要确定标准。责任心和经历是很重要的条件之一。班主任可采取毛遂自荐与民主选举相结合的办法，通过开展以“介绍自我、展示自我”为主题的班会，或者开展“假如我是班长”的演讲活动，让所有学生一一亮相，也让同学彼此之间增加了解，从中发现有思想、有创意、有胆量、有服务意识、有责任心的学生，再通过民主选举，最后确定班干部的人选。经过观察和了解，班主任可以对本班的学生进行不同角度的分类。例如，将学生分成运动型的、交际型的、业务型的，而业务型中又再细分成文娱、体育、宣传等类型。每个学生都可以在各类型中重复出现，最后综合筛选出合适的人选。

同时，在选拔班干部时班主任要注意引入竞争机制，做到能者上，不能者下，让那些真正有能力的同学有机会成为班干部队伍的新鲜血液。班干部的人选确定之后，应该重视做好对其培养工作。班主任一定要对班干部进行思想灌输，让他们要有“感染、服务、独立”的意识；以自己的行为去感染同学，要在纪律上、学习上、生活上，在各个方面去感染同学、带动同学，主动而富有创造性地工作。要让班干部懂得：当班干部的目的是使自己能够在多方面得到锻炼，增长自己的知识，提高自己的能力，为将来自己在社会中面对激烈的竞争打下基础。班主任应该把工作方法教给他们，对他们的培养要体现一个“由扶到放”的过程。针对每个班干部的优点和存在的不足，帮助他们扬长避短，不断提高他们在同学中的威信。通过落实责任制、压担子等方式，培养一支具有较强管理能力的班干部队伍。

案例 14

我的左膀右臂

在两周的见习生活中，我发现了一件奇怪的事：班主任白老师的班里好像有很多他的小助手，以至于他的工作好像很轻松。每天，到时间都会有课代表自己来问作业；教室后面的“学习天地”从来没有空过，每天都会有新的词语积累；发牛奶的时候，都有相应的同学去负责……一切都是那么井井有条。

有一天，我忍不住问了白老师。我问道：“白老师，为什么你的工作那么轻松？”老师听我问这样的问题，表示很诧异，但是又报之以会心的一笑，他对我说：“那是因为我在这个班级里有很多的‘左膀右臂’呀！”我若有所思地点了点头。直到那天，我在帮白老师判作文，题目是“写给老师的一封信”，才把这个谜底解开。原来，白老师接手这个班已经有四年的时间了。他与同学们之间不仅有非常深厚的感情，而且对班里的每一位同学几乎了如指掌。他善于利用同学们的脾气秉性去建设一个完美的班委团队。白老师告诉我，他每周都会有固定的时间叫班委来办公室开会，汇报这一周的情况，然后安排下一周的计划。白老师跟我说：“其实，这些小家伙们一个一个的可聪明了，只要你善于去发现他们的优点，善于去运用他们的优势，他们会帮你把班级管理得井井有条。”白老师告诉我，有时候要学会对孩子们“放手”。

【思考练习】

1. 白老师的班主任工作很“轻松”，这是真的吗？
2. 白老师是怎样把班干部培养成他的“左膀右臂”的？
3. 作为班主任，你如何调动学生参与班级管理的积极性？
4. 如果你是白老师班的班委之一，你有何感受？
5. 你认为在什么情况下要对班干部“放手”？

【小组讨论】

有位班主任为了跟学生打成一片，以“知心姐姐”自居，年级主任批评她师生关系太随便。如果你是这位老师，你会怎么做？

【案例分析】

“授人以鱼，不如授人以渔。”白老师在班干部管理中，善于因材施教，善于利用学生去管理学生，善于深入了解每一位班干部的性格，善于挖掘他们的潜力，从而使他的工作游刃有余。

有一种爱叫作放手。作为班主任，要放手让学生参与班级管理，让学生施展自己的才干，从而唤起他们对班级的责任感和荣誉感，培养他们独立思考问题、分析问题与解决问题的能力。在自主管理过程中，学生的自我认识、自我组织、自我监督、自我调节和自我评价的能力得到迅速的提高，为学生增长管理才干创造机会。此外，构建和谐的班级自主管理，能增强学生管理的主动性和积极性，发挥每个学生的聪明才智，做到群策群力。这不仅可以使各项管理任务得以顺利完成，而且还能够将任务化为学生行动的动力，提高班级管理的效率，增强班级管理过程中的凝聚力。

案例 15

生肖卡

西安路小学四年级（2）班的班主任黄岚老师近期发现自己班的学生课间操不好好做，喝完牛奶的盒子到处乱扔，桌子上也乱七八糟，座位下面有纸屑等垃圾。为此，黄老师想了一个办法：成立文明小组，量化规范学生行为。

首先，黄老师让班长带领班委委员把全班同学分为9个小组，每组5位同学，轮流当组长，每周轮换一次。之后，班长主持召开专题班会，讨论文明行为评价量化给分的事宜。班长在其他班委的协助下组织同学们讨论，共同制定了如下规定：认真做课间操加5分，把空牛奶盒放入垃圾箱加5分，桌子上的书本、文具摆放整齐加5分，座位下干净、无杂物加5分。组长负责检查、给分、扣分和算分。每天获得100分的同学凭借得分获得班主任的印章，得到10个印章即可兑换一张“生肖卡”。这种卡片由老师亲自设计，特别精美，有12种不同的生肖。集齐12生肖的同学在期末可以被评为“文明个人”，小组成员都被评为“文明个人”的小组长，可以被评为“文明小干部”。

开展这个活动之后，班里的卫生大有好转，同学们的行为更加文明，每位同学通过当文明小组长不仅规范了个人行为，还提高了自身的领导力，同时，班委会成员在此次活动中也得到了锻炼。

【思考练习】

1. 班里出现不文明行为是否与黄老师班级管理的一时疏忽有关？

2. 本案例中，黄老师为改变现状采取了什么措施？

3. 你如何评价该班的班干部？

4. 黄老师的“文明小组”策略对班级组织管理有哪些促进作用？

5. 如果你是黄老师，对充分发挥班干部的主观能动性，形成良好的班风，你会有什么建议？

【小组活动】

依据“一屋不扫，何以扫天下”的观点，谈谈对班干部培养的想法。

【案例分析】

本案例中，黄老师在班级管理中发现了班内出现的不文明行为的问题。根据学生心理特点，小学四年级的学生处于小学的中年级阶段，比低年级孩子胆大却没有高年级的同学自律能力强。黄老师建立了一种自我管理的模式，在管理中，她充分地发挥了班干部的带头作用，采用了“盖印章”“发生育卡”“文明个人”和“文明小干部”等策略，为学生的自我管理和自我教育提供了空间，益于学生改正缺点和巩固良好班风。

第四章
班级日常管理

学习任何知识的最佳途径是由自己去发现，因为这种发现理解最深，也就容易掌握其中的规律、性质和联系。

——波利亚

案例 1

班主任上任之前

今年的6月份，我来到玉河中学工作。我刚一报到，教导处李主任就找我谈话。他想开学后让我当初一年级（4）班的班主任。在学校当过班干部、喜爱孩子的我，欣然接受了这一光荣而又艰巨的任务。因为在大学里没有选修“班级管理”的课程，所以，我利用暑假专门阅读了一本关于班级管理的教材，还到几位有经验的老师家了解学校的情况，学习当班主任的经验。根据老教师的建议，我首先制定了班级管理目标，设计了第一个班会和第一个学期要组织的主要活动，考虑了班委会和团支部的组建。我自己还预测了初中一年学生经常出现的问题，比如小学与初中学习习惯的衔接，课堂纪律的管理，教室卫生的打扫和保持，等等。暑假很快过去了，李主任见到我，问道：“张冉，担任班主任工作，你准备好了吗？”我信心满满地说：“主任，我做好了充分的准备。放心吧！”主任笑着说：“好啊！那我问问你，如果你打电话给学生的妈妈，反映她孩子的不良表现。家长把你的电话挂断，你怎么办？”我愣了一下，回答说：“会吗？”主任接着问：“你如何建设你班的班级文化？”“班级管理工作还有班级文化？我还没考虑这项工作。”当班主任真不是一件容易事啊！看来我还得找主任去取真经。

【思考练习】

1. 张冉在上任班主任之前做了哪些准备工作？
2. 张冉还欠缺哪些知识？
3. 张冉的身上有哪些特质值得你学习？
4. “班级管理”的课程重要吗？为什么？
5. 从这个案例里，你能总结出多少班级日常管理的工作内容？

【小组讨论】

当班主任不是件很容易的事。你同意吗？为什么？

【案例分析】

班主任，可谓一家之长。要想拥有一个充满爱心、温暖、和谐的大家庭，使每一位成员能够阳光、善良、勤奋、向上，形成良好的班风，班主任起着至关重要的作用。一位合格的班主任，在上任前要了解班级管理的目标和基本原则，掌握班级日常管理、组织管理、活动管理、文化管理、突发事件管理等方面的处理方法与策略。

案例中的张典老师是位新入职的教师，之所以被学校选为班主任，是因为学校领导或许通过个人档案了解到她在大学品行优秀并一直担任班干部，或许是从面试时她出色的表现，发现了她的特质。从本案例中我们可以看到，张典老师首先是一位有学习力的人。接受任务后，她阅读相关的书籍并与老教师交流学习当好班主任的方法和经验。其次，张典老师是一位有心人。她根据学校的育人总体目标，提前制订了班级管理计划，预测班级管理中会出现的问题及其解决方案。最后，张典老师还是一位有自信的人。尽管她刚刚来到这所学校，尽管她从未当过班主任，她依然有信心做好班主任这项工作，正如爱尔兰著名作家萧伯纳所说的“有信心的人，可以化渺小为伟大，化平庸为神奇。”然而，张典老师毕竟年轻，没有丰富的工作经验，要想成为一名优秀的班主任，必定需要时间的磨练，在实践中成长，才能游刃有余地处理班级管理中繁杂的事务。

案例 2

量化评价，精细管理

金阳小学四年级（2）班的班主任陈柳老师虽然年轻，但在班级管理上却独具匠心。她采用对学生的平时表现、学习成绩等“量化积分制”的方式，把班级管理得井然有序。

在评价学生的平时表现方面，陈老师实行的是“小组积分制”，即与学生们共同把诸如自觉遵守学校纪律、文明礼貌，互助有爱、认真值日、积极参加班级活动等平时表现细化，并给出分值。在学习方面，采用加分规则，凡是课上认真听讲、积极发言、与同学积极合作完成学习任务、单元测试成绩好或者有进步的学生均加1~5分。陈老师把50名学生分为每5人一个小组，小组成员轮流当小组长，小组长每天给本组成员记分，小组成员每周五下午一起计算每人本周的总分，然后写在教室后面的“我是最棒的！”墙报栏上。纪律委员在班委会的协同下，每个月合计一次每位同学的分数和各组的平均分数，只要分数超过90分就给该小组插上一面小红旗。在这一制度的鼓励下，全班同学自觉地规范了个人行为，他们相互鼓励，共同进步，逐渐形成了积极向上的班风。

【思考练习】

1. 从本案例里，你了解到了班级日常管理包括哪些内容？
2. 班级日常管理具有哪些特点？
3. 除了日常管理外，这个案例还告诉你哪些其他的班级管理策略？
4. 为什么在小学中实施这种量化评价办法很有效？
5. 你认为陈老师的“量化积分制”管理方式有哪些弊端？

【小组活动】

小组成员分工合作，完成三项任务。第一，把陈老师的“量化积分制”细则写出来，细则包括平时表现和课堂学习表现。第二，把两方面的评价标准写出来。第三，设计一张小组组长使用的“平时表现考核表”，该考核表要易于操作。小组成果展示的方式自选。

【案例分析】

小学生的特点是竞争意识比较强，渴望得到肯定和表扬，需求尊重。因此，采用“量化积分制”进行评比的这种激励机制来管理小学生，无疑会激发学生的积极性，规范学生的行为，益于学生综合素质的养成。但是，在实施量化评比中，班主任要确保评价内容有利于全班学生的健康发展，评价机制的方式要简单易行，客观公正。

本案例中，陈老师的“量化积分制”的方法值得借鉴和学习。除了师生共同制定量化的具体内容外，还有小组合作、板报宣传等管理方法。陈老师的量化评价机制和精细化管理模式不仅有利于激励学生规范个人行为，使学生变得勤奋好学、团结友爱、积极向上，而且还能在班级中形成有效的竞争意识，创建良好的班风。

案例 3

小组合作学习下的座位编排

北关小学一直以来都推行高效课堂教学方法。作为二年级（3）班的班主任，王华老师每天都在不断地学习和探索如何充分调动学生的积极性。以此为目标，王老师在小组的设置、座位的安排、教师的理念等方面都做了很多尝试。

但在不断的尝试中，最令王老师头痛的就是学生座位的编排。课堂小组讨论交流的时候，王老师先让学生由平时两人一桌的秧田式座位，变为4人一小组。可学生还是不能自主地讨论，只是进行形式上的交流。之后，她又将学生分成4~6人的模块式座位小组，按照学生不同的学习成绩搭配分组讨论。这样一来，各小组的讨论比以前活跃多了，不足之处是成绩不错的学生积极发言，其他同学只是在听，成为旁观者。小组讨论还是达不到预期的效果，更偏离了自主、合作、探究参与式教学的宗旨。直到在一次培训中，培训教师专门讲到了座位编排在小组合作学习中的作用，这才解决了一直以来困扰王老师的问题。之后的课堂上，王老师是这样安排座位的：每小组6人，平时表现积极、一般和不爱发言的学生中各选2名，两名表现一般的学生坐在一起，两名表现积极的学生面对面地坐在中间，两名不爱发言的学生面对面地坐在表现积极的同学的另一侧。王老师要求开展讨论时，发言积极的同学要帮助自己身边不喜欢发言的同学，另外两位表现一般的同学要合作解决问题。这样一来促使小组成员人人参与，人人有事可做。

王老师一直坚守着一个理念，即任何事情只有尝试过才知道行不行。希望这样的尝试会有一个圆满的结果。

【思考练习】

1. 小学或中学的时候，你喜欢坐在教室的什么位置？为什么？

2. 你上小学和初中的时候，班主任是怎么安排座位的？

3. 课堂上进行小组活动时，你认为怎样的座位安排能有助于组内成员之间的积极交流？

4. 如何安排小组活动的角色？

5. 在平时的学习中，学生能随便坐座位吗？为什么？

【小组活动】

你的小组能画出多少种座位编排图？请说明理由。

【案例分析】

在我国的中小学里，学生的座位通常是固定的。无论是家长还是学生都很关注座位的编排。有些家长格外关心自己孩子坐在哪里，孩子的座位是否距离讲台太远而影响听课，周围的同学是否会影响自己孩子的学习和品行。学生也希望能和自己喜欢的同学坐在一起。实际上，从管理与学习的角度来看，座位的编排具有其科学性。学生在平时的学习中，其座位是固定的。班主任在新的学期开始时，通常是按照学生身高和性别安排座位，一个月后，会按“列”或“行”进行调整，也会根据特殊情况进行微调。在某门课堂学习中，任课教师会根据学习需求临时编排座位。此时，学生的座位呈暂时性状态。正如本案例中任课老师所做的那样，任课教师为了便于小组学习，根据学生的学习成绩安排座位。此外，除了要求人人发言外，老师还要明确小组每位成员的任务，比如组织人、记录人、发言人等角色。只有人人有事可做，才能达到互相帮助、共同进步的目的。

案例 4

特殊座位——与老师同桌

在不少学校的不少班级，都有一些特殊的座位，如教室的前排、后排、边角，乃至讲台边。当然，这些座位是为一些特殊学生准备的。在金阳小学一年级（4）班里，有三个“特座”，放在讲台边上，坐的是班里的“三剑客”——三个不服管的孩子。

“三剑客”是该班的任课老师分别给小海、翔翔、林子三个人起的绰号。班主任谢老师说，三个孩子都很聪明，只是上课时管不住自己，还经常会去干扰旁边同学的学习。为此，班主任给他们量身打造了这三个“特座”。

小海是“三剑客”里面胆子最大的，用各位老师的话来讲是“脑子特灵”的孩子。他爱表现，喜欢发言，但是经常捉弄周围的同学。为了安排小海的位置，谢老师几乎绞尽脑汁。按个子，小海在班里算中等，原本坐在教室中间的位置，但是，由于旁边的同学经常“投诉”，老师没办法只得给他调整座位。

“起初，我把他安排在教室最后一排位置。可是，问题也随之而来。坐到了后排的小海，仿佛获得了‘解放’，教室后面的空地成了他的舞台。即使上课的时候，他也会在教室后面走来走去，甚至爬来爬去地翻滚一番。有时，趁老师不注意还会偷偷地走到前面，拍拍同学的肩膀。”说到调皮捣蛋、不服管的小海，谢老师既好气又好笑。

翔翔，班级里的“电脑高手”，喜欢看课外书，懂的东西特多，但个性叛逆。一次，校长来听课，他竟然在课堂上跟老师对着干。

在三个人中，林子的性格内敛些，但喜欢做小动作。而且，他的小动作很特别，爱撕纸。林子坐在哪里，他的座位周围总是满地碎纸屑。

别看“三剑客”是小学一年级的学生，他们的胆子却特别大，连五年级学生都不怕。一到下课时间，他们就跑到不远处五年级班里，捉弄这个，鼓捣那个，不时会有五年级的孩子到班主任那里去告状。

谢老师为此想出一个办法，让他们与老师“同桌”。于是，谢老师把“三剑客”叫到教室外面，温和地说道：“小海，你愿意坐到讲台边上，和谢老师交朋友，当谢老师的同桌吗？”“翔翔，你愿意坐到前面来，当谢老师的电脑小助手吗？”…… 谢老师用一番特殊的对话，让小海、林子、翔翔三人自己决定是否选择“特座”。

当谢老师赋予这三个位子特殊含义之后，三个孩子都很喜欢这个座位，在讲台边上，和老师近距离接触，他们上课也变得认真了。特别是翔翔，他把老师的电脑、投影仪等管理得妥妥当当，俨然一副小管家的模样。

（资料来源：“个性孩子”坐上“特殊座位”，与老师成“同桌”，浙江在线．教育频道 http://edu.zjol.com.cn,2011-4-24.）

【思考练习】

1. 谢老师为什么设置了这样三个特殊座位？
2. 如果你是班主任，你如何对待这“三剑客”？
3. 在读中小学期间，你的班里有这样特殊的座位吗？
4. 班级座位安排有哪些常用的方法？
5. 学生座位安排应该遵循哪些原则？

【小组讨论】

如果你是“三剑客”之一，你会与老师同桌吗？为什么？选代表总结发言。

【案例分析】

案例中的这三位学生都非常聪明，而且个性张扬，有想象力。正是因为他们的过度张扬影响到了周围同学，影响了老师上课，班主任才不得不采取一些特殊的方法。实际上，设立“特殊座位”也是很多班主任的无奈之举，毕竟“特殊座位”违背教育规律，如果非要尝试，需要老师做大量细致的思想工作，不仅要考虑到这些学生的性格、承受力，还要与其他任课教师沟通，不能对这些学生有歧视的言行。此外，“座位特殊”只能老师自己清楚其中的特殊含义，不能让学生们知道，否则会伤害学生的心灵，导致不良后果。另外，老师给某些学生起绰号也是不可取的行为。师生之间只有相互尊重，才能搭起沟通的桥梁。

案例 5

巧妙引导，规范行为

由于小食品的出现，力拓小学二年级（3）班教室里的纸屑随处可见，尽管有垃圾桶的制约，可垃圾还是不停地“跑”出来“透气”。中午，班主任屠老师来到班里，看到垃圾桶旁边的垃圾，怒火顿时涌上心头。他看了看孩子们，刚想歇斯底里地大喊，转念一想：别说孩子，就是我们成年人吃到兴奋时也有可能将垃圾扔在垃圾桶外面。思考片刻，屠老师说：“孩子们，你们喜欢球星姚明吗？”他们异口同声地说：“喜欢！”“你喜欢他什么啊？”“得分多！”“个子高！”“投球准！”“就是啊，姚明的球技很高，投球很准。如果让他往垃圾桶扔垃圾，一定会百发百中的。你们说对吗？”孩子们不假思索地说：“对！”“比比看，你们就差多了，垃圾都扔到垃圾桶外面了。”“老师，我们不用投也不用扔，我们放到垃圾桶里不是也像姚明一样准了吗？”屠老师鼓掌以示赞同。没有批评的话语，却使学生明白了道理，这比声色俱厉的效果好上百倍。

（资料来源：难问题，巧解决 . http://www.lhjwb.org/news/?10008.html.）

【思考练习】

1. 屠老师为什么用姚明来教育学生不乱扔垃圾？

2. 如果屠老师对学生乱扔垃圾的不良行为进行严厉的批评，效果会怎样？

3. 班干部在保持教室卫生中应该起到什么作用？

4. 教室每天的卫生应该如何保持？

5. 班主任如何培养学生养成良好的个人卫生习惯？

【小组活动】

小组成员共同起草一个“保持教室卫生，从我做起！”的倡议书。全体成员到教室前每人宣读一句倡议书。

【案例分析】

有些时候，直接告诉小学生应该怎么做或不该做什么，不如运用学生熟悉的心理暗示来引导学生纠正自己所犯的错误更有效。虽然老师当面指出学生的错误会让学生规范个人行为，但这样往往不会使学生自觉养成一个良好的行为习惯，只是在短时间内起到了一个纠正的作用。如果老师机智地利用一些暗示，就像屠老师那样，就能把良好的观念深入学生心中。

同时，教室卫生是班级日常管理工作不可忽略的工作。干净、整洁的学习环境能够反映班主任的管理能力和水平，既是一个班有序管理的标志，也是学生精神面貌的展示。班主任要调动班干部的领导力量和全体学生的集体力量，共同创建一个整洁、有序、健康的学习环境。

案例 6

班主任的“自我惩罚”

中山中学初一年级（2）班正在召开班会。班会开到一半，班主任李刚老师的手机响了。他看了一眼手机，是家长的电话，担心事情比较紧急，便出去接电话，用的时间不算很长，不到五分钟便回来了。他发现，此时班里已经和刚才班会时安静的氛围大不相同。同学们有说有笑、有喊有叫，有吃东西的，有传东西的，教室里格外的热闹。同学们一看到班主任进来了，立刻安静下来，都老老实实地坐在自己的座位上，嘴里的东西也许还没嚼完，纸条也许传在半空中掉在了地上，但他们都低下头不敢与老师对视。

按照以往的经历，接下来老师一般会大发雷霆，找几个典型罚站，并进行一次深刻而又“苦口婆心”的思想教育，最后在不愉快的氛围中结束班会。

但是，李刚老师并没有像往常那样做。他先是沉默地在班里转了一圈，然后十分平静地说：“我只是出去了五分钟，本以为同学们会安安静静地写会儿作业等我回来，但是没想到教室里变得这么热闹，是我管理的失职，没有培养你们自律的良好习惯。我很难过，我应该好好地反省反省。作为对我的惩罚，接下来三天的值日都由我一个人做。”听到这里，同学们面面相觑，不知该说什么才好。这时，班长站起来向老师认错，其他的班委也站起来认错，接着同学们也一个个为自己刚才的行为道歉。老师站了一会儿走出了教室，同学们安静地在教室里写作业。

十分钟后，老师又回来了，他开口说道：“你们要是平时也能像现在这样就好了。”同学们都抬起头来听老师说话。“其实，我从心里特别想让你们能够变得优秀。升到初一之后，我们做事情都不能像小学生一样任性，不仅在知识方面比小学学习得多，在品格和素质方面也要更强才对。而自制力对你们的成长十分重要。随着年龄的增长，你们要学着自律，要有自己的目标，这才是我希望看到的。以后我不在教室的时候，大家能像刚才那样安安静静地学习吗？”“能！”洪亮而又坚定的声音响彻整个楼道。

从那之后，无论是上课还是自习课，二班的纪律越来越好。良好的学习氛围提高了学习效率。科任教师也发现了二班的变化，纷纷向班主任称赞学生们的进步，也更喜欢这个班级了。

【思考练习】

1. 这个班的班情是什么样的？
2. 你认为李老师今天的表现有哪些不足？
3. 李老师今天的表现有哪些值得肯定的地方？
4. 你对这个班的班干部如何评价？
5. 通过学习这个案例，你认为班主任与科任教师应该保持怎样的关系？

【小组讨论】

如果你是班主任，你认为有哪些有效的整顿班级纪律的方法。选派一位同学代表小组发言。

【案例分析】

班级的日常管理是班主任工作的重点之一。在日常管理中，尤其是对刚刚升入初一的学生，学习习惯和良好行为的养成教育尤为重要。同时，班主任要遵循民主性原则，与同学们一起制定课堂纪律制度，认识遵守纪律的重要性，从而养成良好的学习习惯，为今后的学习奠定基础。此外，班主任在学生面前的一言一行非常重要，只有做到率先垂范，让学生信服，才能把班级管理有序，形成良好的班风。

案例 7

捣蛋的学生

新实验小学五年级（2）班的班主任王老师，对班上的几名爱捣乱的男生很是头疼。他们上课不听讲，还影响其他同学学习，坐到哪里，哪里就能“热闹”起来，即使把他们分开也没有什么效果，对老师的批评教育也不屑一顾。

王老师猜想：估计这几个孩子只是想引起老师们的注意而已。王老师想了一个办法，决定试一试。于是，王老师把他们叫到办公室。这几位男生在办公室的时候，跟在教室里的表现完全不一样，全都低着头，不说话，早已做好被批评的准备。王老师看到他们的表现，心里也肯定了自己的想法。王老师让他们坐下，和蔼地对他们说：“这次叫你们来，是想给你们分配一项任务。”这几位男生听后很是惊讶。突然，一个男生说：“不会让我们打扫厕所吧？”王老师接着说：“当然不是了，厕所有专门的人来打扫，用不到你们。”这几个男生一头雾水，不明白老师葫芦里卖的什么药。王老师又说：“我打算安排你们做小组长。你们帮我收作业。这个是自愿的啊，想当就当，不想当的呢，就可以回去了。你们有谁想当？”这几个男生都没说话，但谁也没出去。王老师接着又说：“既然没人出去，那就是大家都想当。我可以满足你们。但是，我还有个小小的要求，你们必须完成，而且要很好地完成。”一个男生问：“啥要求？”王老师说：“当组长要有带头作用。首先，自己的作业得完成，不然有什么理由去收别人的作业，对不对？”他们回答道：“嗯。”“其次呢，上课得认真听课，给组员树立榜样。当然，这是你们的责任。同时，我也给你们一些小特权，如果有上课不好好听课的同学，你们也可以管他们。能不能做到？”他们都说：“能！”王老师又说：“我从来就没有认为你们是坏孩子。你们只是不懂得如何和老师交流，说出自己内心的想法罢了。其实，在我眼里，你们就是我的孩子。今后你们有什么事，或有什么困难，都可以来找老师。老师一定会帮助你们。但不要以捣乱的方式来引起老师注意。”这几位男生连连点头。

就这样，不爱交作业的学生变成了最先交作业的学生，最捣蛋的学生也变成了最听话的学生。

【思考练习】

1. 针对爱“捣蛋”的学生，王老师是采用了什么策略对学生进行教育的？
2. 面对这样的学生，你会采用什么方法？
3. 班主任平时与学生沟通的方式有哪些？
4. 与学生面对面谈心时，老师应注意什么？
5. 与一位学生谈心和与几位学生谈心有哪些区别？

【小组讨论】

每人说一种班主任与学生谈心的方法。选一位代表发言。

【案例分析】

与学生谈心是班主任做好班级日常管理工作的重要方法之一。能与学生比较顺畅地沟通并取得良好的效果是一位优秀班主任应具备的素质。面对不同的学生，班主任与其谈心的方式也不同。在这个案例里，王老师具有比较丰富的班级教育管理经验，对学生的心理特点也有非常深入的了解。因而，对班里这几位“捣蛋”的学生，王老师采取了不同寻常的集体谈心方式，通过鼓励、激励的方式，以亲切、平等、深入学生内心的语言与其交流，起到了有效的谈话效果，使学生内心的渴望得到满足，从而转变了学生的思想和行为，成为遵守纪律、按时完成作业的好学生。

案例 8

自我检讨，真诚沟通

王小龙是阜新小学三年级（4）班的学生。他是家里的独生子，个性极强，不懂得谦让，更不关心他人，而且有偷东西的坏习惯。班里的同学对他“恨之入骨”，恨不得把他从花名册中除名，还经常与他发生“小摩擦”。王小龙的父亲经常来学校为儿子“鸣不平”，有时对儿子的同学还口出脏话，甚至会出手打人。这位父亲的行为增加了同学们对王小龙的厌恶，也使家长之间产生了冲突。一听到自己的心肝宝贝受了委屈，家长们纷纷来到学校，嚷嚷着要跟王小龙和他的父亲“算账”。班主任李老师把发生冲突的学生和家长一起请到了办公室，共同商量解决问题的办法，并让王小龙和他的父亲与其他同学和家长们当面沟通，交换意见。最后，王小龙的家长向同学和家长们道歉，表示今后好好教育儿子。王小龙也表示努力改正自己的错误，团结同学，好好学习，做一个好学生。同时，家长们也反思了自己孩子身上的不足，原谅了王小龙父亲对自己孩子的无理行为。

【思考练习】

1. 这个班的学生对待王小龙的态度说明了什么？
2. 作为班主任，你对王小龙和其他学生的态度一样吗？为什么？
3. 班主任应该如何教育学生处理好同学之间的关系？
4. 如何解决家长参与学生之间矛盾的事件？
5. 如果你发现班里某个学生有偷东西的习惯，你该怎么办？

【小组讨论】

独生子女有哪些特点？在日常管理中，班主任应该注意什么？

【案例分析】

现在的小学生中大部分是独生子女，就像王小龙一样，各个是家里的“小公主”“小皇帝”。有的孩子在家里娇生惯养，在学校也以自我为中心，很少为他人着想。部分家长非常溺爱孩子，担心孩子在学校受委屈。更多的家长希望孩子在一个好的班里学习，渴望自己的孩子品行优秀，人格健全，学习成绩优异，将来更好地独立生存。面对家长的期望，班主任在学校教育中起着非常重要的作用。一个优秀的班主任在其班级管理中，通过严谨的班风建设能够为学生创建一个优良的学习环境，能够帮助学生克服缺点和不良行为，养成良好的生活习惯、学习习惯、健全的人格和高尚的品质。一个优秀的班主任，深知学校与家长协同教育的重要性，为了共同的教育目标，通过多种渠道与家长沟通，努力消除家长顾虑，为孩子创造一个健康、向上的学习和生活环境。

案例 9

过度溺爱带来的烦恼

今天下午，初二的办公室里来了一位家长：她衣着朴素，面带忧愁。她是二班王永志的妈妈，是来找班主任张老师寻求帮助的。张老师知道，这是一位单亲母亲，对儿子比较溺爱。王永志的妈妈十分坦诚地告诉班主任，自己平时对儿子爱护有加。每天儿子回到家之后，饭桌上就摆好热腾腾的饭菜。儿子的脏鞋袜，都由她清洗。她悉心照顾孩子的生活，从来不让儿子做家务。但是，她对宝贝儿子在学校是否好好学习，老师布置的作业有没有按时完成，从来不敢问津。否则，儿子便会摔门进屋，直到第二天都不会跟她说话。她一直担心孩子因为缺少父爱内心会受到伤害，更不想让孩子受到任何委屈，如果孩子生气了，她的内心会备感愧疚。面对学习成绩下滑的问题，这位妈妈很苦恼，所以，今天她来找班主任寻求帮助。张老师和这位家长分析了孩子的情况，一起制定了帮助孩子的方案。几个月之后，孩子的学习有了进步，在家里也能自觉完成作业，有时还帮助妈妈做些家务。

【思考练习】

1. 你对这位妈妈的表现有哪些评价？
2. 你认为王永志是个什么样的孩子？
3. 班主任对班里需要特殊关注的学生应如何进行生活和学习指导？
4. 如果你是班主任，你怎么与单亲家长沟通？
5. 对单亲家庭的孩子，在教育方面应该注意什么？

【小组讨论】

猜测一下，张老师和这位家长制定了什么方案？

【案例分析】

单亲家庭的孩子教育是班主任不可忽略的问题。班主任要了解每位学生的家庭状况，经常与其他任课老师沟通，针对特殊学生的家庭成长环境、学习能力和性格等情况，无论是在课堂学习，还是平时的班级活动，共同给这些学生更多锻炼自己、展示自己的机会，关爱他们的生活和学习，培养他们健康的心理和向上的精神。此外，班主任要注重学校与家长共同管理孩子的方式，经常与学生家长沟通，保持学校教育和家庭教育的一致性，鼓励家长在行为上不纵容孩子，在生活上不溺爱孩子，培养孩子独立自主和自我控制的能力，使孩子在快乐的生活和学习环境中健康成长。

案例 10

从“微信群”到“家长委员会”

以前，一提到家长会之后老师与家长相互交流的环节，很多老师的第一反应是“乱，非常乱！”教室里，几十位家长在交流时常常你一言我一语地提出各种各样的问题，场面混乱无比。

现在，随着通信技术的快速发展，教师与家长的交流也有了新“花样”。在世纪路小学五年级（1）班，家长与班主任李珺老师之间主要的沟通渠道是微信群。在群里，家长们每天下午会收到当天的作业和孩子在学校的表现；李老师会在晚上给家长发送作业答案，既方便家长指导孩子，也便于学生纠正自己的错误和发现问题，并带着问题在第二天的课上认真听讲，或向老师提问。逐渐地，这个微信群成为家长与老师、家长与家长之间互相沟通、相互介绍育子经验的平台。不久，家长们还成立了家长委员会。当李老师需要家长们协助做一些事情的时候，就会在群里通知家长委员会，由家长委员会讨论，再与老师协商。后来，家长们从在微信群参与班级管理，转向走进学校的课堂。在学校开展公开活动日的时候，李老师邀请家长委员会的成员去听公开课，让家长们对课堂教学提出意见和建议。家长委员会讨论了老师们的优点和不足，把意见和建议统一反馈给老师。这种方法与传统的老师一个一个联系家长谈话的做法相比，不仅减少了家长与老师之间的“摩擦”，更重要的是提高了老师的工作效率，缩短了教师与家长的距离，达到学校与家长合作、共同育人的目的。

【思考练习】

1. 在微信群里发送作业及其答案有哪些优点和不足？
2. 如果你是家长，你是否愿意每天辅导、检查孩子各门课程的作业？
3. 你想成为家长委员会的成员吗？为什么？
4. 让家长参加听课活动能提高课堂教学效果吗？为什么？
5. 除了微信以外，还有哪些教师与家长沟通的手段？

【小组活动】

组织辩论会，六人一组，三人为甲方，另外三人为乙方。甲方认为家长委员会能起到学校与家长沟通的桥梁作用，而乙方认为不能。

【案例分析】

在现代科技日益发展的形势下，教师与家长之间的沟通已经变得非常便捷。世纪路小学的家长委员会在现代通信手段的帮助下，大大减小了老师的压力，也大大提高了工作效率，使老师与家长之间的矛盾也越来越少。因此，“互联网+”家长委员会是一个值得老师们借鉴的与家长们沟通的有效方式。

案例 11

叫 家 长

这个学期，我在中华巷小学五年级（3）班实习。不上课的时候，我会在办公室备课或者批改作业，所以经常会看到一些学生在上课期间被叫到办公室补作业、背课文、写检查；还常常看到一些家长被叫到学校，大多是因为孩子没有完成老师布置的学习任务，诸如好几次不完成作业、不会背课文，等等。最让我惊讶的是老师把家长叫过来，让家长陪着孩子背课文。还有一次，一个老师把家长叫到学校，当着办公室很多老师的面批评学生和家长。家长气得动手打了自己的孩子。

【思考练习】

1. 如果你的学生不写作业，你会怎样做？

2. 你认为老师的这些行为违反了哪些班级管理原则？

3. 如果你是家长，老师的哪些行为你能够接受？哪些不能接受？为什么？

4. 你怎样评论“叫家长”的工作方式？

5. 你认为老师与家长沟通比较好的方式有哪些？

【小组活动】

两人一组，一人扮演班主任，另一人扮演学生家长。班主任根据学生近期不良的表现，与家长谈一次话。地点：学校办公室或学生家中。

【案例分析】

首先，教师与家长应保持密切的联系，彼此互通孩子在学校和家里的表现，协同培养孩子优秀的品质和良好的学习习惯。如果学生在学校有一些比较严重的不良表现，教师应该及时与家长沟通，共同帮助孩子纠正错误。其次，教师与家长沟通时，要注意选择合适的地点，言谈举止要遵循尊重、平等、合作原则，否则会造成沟通失败，重者会造成不良影响。此外，课堂教学具有很强的系统性，学生一旦缺课，就必须花更多的时间自行补课，否则其知识的连贯性就会中断。在本案例中，老师让学生在上课的时间补作业，或者让家长来到学校和孩子一起完成作业，这些做法是非常不可取的。尤其是在众人和学生面前批评家长，这让家长很是没有颜面，更是深深地伤害了家长的自尊心；学生在众人面前挨打，使他幼小的心灵受到伤害，时间长了会影响他的心理健康。

案例 12

校园公开日

一提到上课，大部分人的眼前都会浮现这样的画面：老师在讲，学生在听，或者师生在互动。而在世纪路小学的校园公开课活动中有这样一节“特殊”的课：六年级（3）班的教室里，坐着一些家长代表，他们此时的角色是学生。课堂上，家长们认真地听讲，回答问题，跟孩子们一起讨论，一起提问，一起解决问题。下课后，家长们跟老师相互交换了意见。有的家长还感叹道：“当老师真不容易啊！我的孩子在这样的学校学习，我真的放心啦！”之后，班主任发给每位家长自己孩子的作业，让大家检查孩子们的作业完成情况。家长们非常认真地批改学生的作业。这一上午，家长们过得很快乐，不仅当了学生，还当了老师。

【思考练习】

1. 请家长到学校像学生一样上课的目的是什么？
2. 班主任为什么让家长们批改作业？
3. 假设你是这个班的学生，如果你的父亲在班里听课，你会怎样表现？
4. 本案例里哪一句话让你感触最深？说明理由。
5. 让家长参与班级管理有哪些利弊？

【小组讨论】

“请家长到班里听课会影响孩子们听课的效果。”这种观点你是否同意？说明理由，并选派代表发言。

【案例分析】

班主任在学校公开日邀请家长们来到学校深入课堂，让他们不仅当了一次“学生”，还当了一回“老师”。家长代表们真正了解了学校的管理和上课模式，目睹了自己孩子在学校的表现，对老师和孩子多了一份理解，多了一些交流。这种方式不仅拉近了学校与家长的距离，促进了家长与老师的沟通，而且也有助于家长对孩子的家庭教育。需要注意的是，班主任在选家长代表时，要考虑到家长的个人情况，要具有代表性。

案例 13

学会控制情绪

在曙光小学五年级（3）班的一节语文课上发生的一件小事，让我见识了这位语文张老师的火爆脾气。那天上课铃一响，张老师就急匆匆地走进了教室，站在讲台前，面露不悦。学生们大概也看出了老师的情绪不对劲，于是停止了嬉闹，快速地回到了自己的座位。这时，张老师手里拿出了上节课的古诗默写纸，简单评价上节课的默写情况后，便开始了她这节课的“大工程”。

原来，张老师发现在默写作业中有一张纸上没有写名字。默写时写上自己的名字，这是她强调了多次的事情，可每次都有学生忘记写。于是，她今天准备在课上给这个学生一次教训。她先是压抑着心中的怒火，问学生：“昨天的默写，谁忘记写名字了？”学生们你看看我，我看看你，始终没有人承认。其实，老师从字迹上已经辨别出那是谁的作业，只是不想闹得太难堪。在大家都不承认的情况下，张老师点了那位同学的名字，问他是不是没写名字。此时，戏剧性的事情发生了。这个学生拿着那张默写纸看了很久，竟然非常坚定地说：“这不是我的，我写名字了。”“不是你写的？！那好，现在不上课了！我一定要看看没写名字的到底是谁！”接下来，张老师把已经交上来的默写作业一份一份大声地读出学生的名字，全部读完后，张老师让没有读到名字的学生站起来。果不其然，刚才那位被点名的同学灰溜溜地站了起来。张老师大步走上前去，拿起他桌子上的课本就给了这个学生两个耳光，说道：“你不是死不承认吗？你不是嘴硬吗？刚才叫你辨认就是想给你留面子，结果你是煮熟的鸭子嘴硬。现在，你还有什么话说？”

看着被老师教训得战战兢兢的学生还有他那发红的脸颊，我真是不知道该说什么好了。其实，这实在是一件小事，不过就是学生屡次不长记性，马虎大意忘记了写名字，可是到了张老师那里，这就成了天大的问题，以至于最终闹到了两败俱伤的地步，实在是没有必要。

【思考练习】

1. 你读了这个案例后，有何感想？
2. 如果你是这个班里的一名学生，目睹事情的经过，你有哪些想法？
3. 如果你的学生经常犯同样的错误，你会如何处理？
4. 教师应该如何看待学生做错事情？
5. 假设那位挨打的学生是你的弟弟，你会怎样做？

【小组讨论】

结合本案例，说一说教师应具备的基本素质，选派代表发言。

【案例分析】

人无完人，孰能无过？孩子在成长期，犯错误是非常正常的事情。学生犯错误后，老师应该循循善诱，耐心地帮助学生查找原因，纠正错误。本案例中，学生忘记写名字这件事只是说明了这是一位不够认真仔细的学生。张老师完全可以在课下对这位学生给予引导，完全没有必要在课上这般“大动干戈”地动怒。一位有经验的教师不会在课堂上花费如此多的时间批评学生，更不会采用偏激行为打学生。学为人师，行为世范。为人师表是育人的重要手段。这位张老师没有考虑到个人言行对这位学生乃至全班学生的不良影响，实在有损教师形象。

案例 14

您剥夺了我受教育的权利

在南关中学初二年级（2）班的思想品德课堂上，李老师正在讲解学生应具备的法律常识，并合理地运用法律武器保护自己的合法权益。一位叫宋小强的男同学一直跟同桌说话，扰乱了课堂纪律。老师忍无可忍，对宋小强说：“请你出去，说够了话再回来。”这时学生的一句话，让老师哑口无言，他说：“老师，您剥夺了我受教育的权利。”

（资料来源：教师资格证面试考题.）

【思考练习】

1. 如果你是这位思想品德教师，你会怎么答复你的学生？
2. 学生的回答说明了什么？
3. 老师的“哑口无言”又说明了什么？
4. 你小时候有哪些叛逆行为？
5. 面对中学生的叛逆，你有哪些想法？

【小组活动】

每人说出一条应对中学生叛逆的策略。选派代表总结发言。

【案例分析】

知彼知己，百战不殆。无论是班主任还是任课教师，要了解学生不同的生理时期其不同的性格和特点。通常情况下，孩子们到了十二三岁的时候往往会产生与家长和老师相抵触的情绪。处在叛逆期的孩子，其内心最反感的就是被人指责和管教。因此，无论是课上还是课下，教师对学生的教育可以稍微放宽一些，要讲究与学生讲话的态度，做到语言委婉，讲话具有艺术性。学生思想上有偏差的时候，老师一定要帮助他们纠正过来。否则，一旦学生有了抵触情绪，就更难管理，很难听话了。本案例中的这位初中二年级的学生，正值他的叛逆期。他总想放纵自己，扰乱课堂纪律，反感老师的管教。对这种影响学习的行为，老师不是不管，而是说话不要那么严厉，课下再找他谈谈心，耐心疏导，指导学生学会控制不良情绪。

案例 15

没有板书的英语课

在新华中学初中三年级（3）班的英语课上，我发现了这样一件令我好奇的事：王鑫老师的授课各个方面都很好，可是唯独没有板书。一节课下来，黑板上最多只写一个课文的标题，甚至有的时候连课文标题都没有。王老师采用的授课方法就是单纯的“口授”，然后让学生在课本上把她所讲的重点勾画或者记录下来。

一开始，我真的不理解王老师这样做的原因是什么，甚至觉得有些欠妥。回想自己在中学上英语课时，老师都会把重点、难点以及易错点写在黑板上，细致讲解，再让我们做笔记。我觉得适当的板书对学生更好地掌握所学知识还是十分必要的，所以，我把这个疑惑与几位见习同学进行了沟通。原来，大家也都有这个疑惑。于是，我们带着这个疑问与王老师进行了沟通。王鑫老师的一番话道出了原委。

这个班有一些英语基础弱的学生在上英语课时很容易走思，开小差，做小动作，甚至说话。如果老师把所讲的重点都写在黑板上，这些学生就会在下课前把黑板上的内容随便一抄，应付了事，等到班主任定期检查各科的笔记时自己也有东西可以交差。可实际上，这些学生并没有真正地学到知识。王老师之所以这样做是为了让学生能集中注意力听讲。

听完王鑫老师的一番解释，我受益匪浅。原来不写板书是王老师的“别有用心”啊！在接下来的几节英语课中，我就注意观察学生在听课时的反应。果然，在老师讲到某个知识点时，学生都在埋头认真记笔记，遇到不会的单词还会赶紧查找单词表,唯恐错过一个重要的知识点,唯恐跟不上老师的节奏。我不禁在心里为王老师的这一招暗暗点赞。

经历了这次没有板书的英语课，我确实明白了许多。原来实际教学中有时确实需要一些反其道而行之的做法。不写板书看似是一种欠妥又不恰当的行为，可是却可以达到另一种意想不到的效果。这就要求我们在今后的教学中要充分了解本班学生学习特点，不断创新思维，大胆突破，一定会得到理想的效果。

【思考练习】

1. 对那些不认真听课的学生，这位英语教师是如何做的？
2. 这个案例反映了哪些课堂教学管理方法？
3. 你知道课堂管理包括哪些内容吗？
4. 班主任为什么会定期检查笔记？
5. 你知道板书有哪些作用吗？

【小组讨论】

如果你去见习学校听课，你会注重教师的讲课方法，还是注重学生的学习状况，还是班里的卫生，还是教室的布置，还是学生座位的编排，还是……？说明理由，并选派代表总结发言。

【案例分析】

这位见习学生，是一位有心人。她善于观察，善于发现问题，善于解决问题，善于总结经验，这些是一位优秀教师应具备的基本素质。因此，教师要了解课堂管理的内容及其管理策略。在课堂教学中，教师要能调控老师与学生以及学生与学生的关系，要创建和谐的学习环境，引导学生形成良好的学习行为。

通常情况下，板书是教学策略的重要手段之一。而本案例中，王老师没有按照常规写板书，旨在杜绝上课不认真听讲的不良现象。为了培养学生自主学习的习惯，老师采取让学生边听边记笔记的习惯。这种做法同样取得了比较好的教学效果。但是，正常的课堂教学是需要板书的。一个好的板书设计能够为学生提供学习的重点和知识结构，是学生学习的导游图，具有不可替代的生命力。

第五章
班级活动管理

放开孩子们的眼，让他们看；放开孩子们的耳，让他们听；放开孩子们的嘴，让他们说；放开孩子们的手，让他们做。

——陶行知

案例 1

夸赞的力量

复兴小学三年级（4）班的大部分学生是外来务工人员的子女。学生因为家长忙于工作，管教孩子时间少，经常自己在家里无聊地待着，形成了自卑的性格。他们比较难以接近，调皮、厌学、基础差，早已习惯被歧视和责骂。他们在行为上表现为抵触、不服从教育。

班主任张老师面对这样的群体，想要通过班级活动让学生感受温暖、再造自信、面对人生。张老师专门颁发班级特别标志，让35个孩子每个人胸前都别着一个表示“赞扬”的大拇指徽章，她希望这些被人歧视的“丑小鸭”能在他人善意赞扬的眼神中迎接每一天。

活动一：夸奖行动。每个学生每天给同组的同学写一句话，用发现的眼光记录他人取得的成绩和进步。活动刚一开始就产生了效果。因为受到夸赞，每位同学逐渐面带喜色，愿意主动和他人交流沟通。

活动二：营造班级文化——复活笑脸。为了配合学校搞好红领巾商贸活动，帮助困难学生，张老师带领同学们亲手绘制了一个又一个漂亮、充满浪漫气息的复活笑脸，并把它作为班级的文化标志。孩子们自豪地说：“我们的美工也不错，我们的生活很灿烂！”

活动三：这里的英语课真热闹。这个班学生英语基础差，刚入学时，有的学生竟然连26个英文字母都写不全。为了培养学生对英语的兴趣，张老师虽然任教的是语文课，但是每天中午与学生一起学习半个小时英语，充分调动了孩子们的学习积极性。每天，学生都围着老师背英语，英语课上他们变得积极和自信。

活动四：倡导读好书。去图书馆借高质量的书成了他们周五的习惯性活动。这个班学生不多，但借书量却是全校最大的。同学们自豪地说：“我们学会了通过书本，与名人对话；通过书本，纵观历史；通过书本，了解科技；通过书本，净化心灵；通过书本，树立理想。”

活动五：这里的班会别开生面。孩子们围坐在跑道上，分享着被表扬学生的奖品——酸劲十足的“秀豆”糖；诉说着心中的不快；畅谈着各自的理想。不快在此消失，理想由此起飞。

（资料来源：齐学红：《今天，我们怎样做班主任——优秀班主任成长之路》，上海，华东师范大学出版社，2006.）

【思考练习】

1. 什么是班级活动？班级活动有哪些特点？
2. 班级活动有哪些类型？列举出你认为可以进行的班级活动项目。
3. 班级活动对学生个体发展的意义是什么？
4. 班级活动对班集体建设的作用是什么？
5. 班主任在班级活动管理中的意义是什么？

【小组活动】

如果你是班主任，你认为开展班级活动的一般过程有哪些？请在小组内向其他同学分享你的想法。

【案例分析】

班主任张老师面对一群性格不太健全的学生，积极寻找对策，不是仅凭讲道理加以解决问题，而是组织开展多种多样的班级活动，发挥班主任日常管理工作的重要内容——班级活动的作用，让同学们在班级活动中亲身经历和感悟，从而获得解决问题的方法。

在本案例中，该班大部分同学在生活中感受不到来自家庭的温暖，经历了多次失败，受到了太多的训斥，形成了自卑的性格。他们更需要关爱和心灵上的抚慰。班主任张老师设计开展了夸奖行动、复活笑脸、英语辅导、读好书和班会等多种形式的活动，丰富了同学们的生活，唤醒同学们的自尊心，使同学们慢慢树立自信心，感受生活中的快乐。

案例 2

团结合作才能成功

滏河中学初一年级（2）班的班主任赵老师，为了锻炼学生团结合作的能力，以“合作精神”为主线设计游戏活动内容，表达活动主题，让学生充分体验到合作的乐趣，认识合作的重要性。

班主任赵老师统筹安排游戏活动。班长、组织委员负责本次活动的具体安排和会场布置。学习委员、劳动委员负责准备各种资料。宣传委员带领全班同学开展游戏比赛。文艺委员主持比赛。第一个游戏的规则是同学推荐大力士做折筷子游戏，学生谈感受。大力士先折一根筷子，然后折一捆筷子。活动证明“一根筷子轻易折，一把筷子折不断”。这就是团结的力量。第二个游戏是三人一组，把一人的眼遮住，一人的双手绑住，一人的双腿绑住，用这种方式代表他们身上存在着不同的优点和缺点。再给每个组两个球，代表贵重物品。要求三人团结合作，把贵重物品从教室后面运到讲台上来。

游戏结束后，班主任赵老师和同学们评选出“最佳合作小组”，小组成员发表获奖感言，他们都认为服从安排、团结合作和相互配合最重要。

（资料来源：张作岭等：《班级管理案例教程》，北京，清华大学出版社，2015.）

【思考练习】

1. 结合本案例，你认为开展班级活动包括哪几个环节？
2. 组织案例中的游戏活动应注意哪些问题？
3. 选择一个主题，设计一个班级活动方案。
4. 你如何判断一个班级活动是否有效？
5. 你认为提高班级活动有效性的方法是什么？

【小组活动】

就“水在大海里，才不会干枯；人在集体中，力量才会更大。”这句话设计一次班级活动。

【案例分析】

班级活动的教育性不仅体现在活动内容上，活动的过程和方法也是教育性的具体体现。就一次班级活动来说，只有从计划、发动到实施都全心投入的学生，才会获得真正的体验。在本案例中，班主任赵老师首先确定整个活动的主题和目的，再根据学生情况确定具体分工，让学生分头开始活动准备，然后规定时间开始实施班级活动。主持人组织整个活动，班主任进行活动总结。从活动开始前的准备到具体的实施都体现了全员参与的原则。

这些活动能帮助学生树立正确的人际协作意识，提高学生的社会适应能力，消除以自我为中心的错误心理，形成互助、互爱的高尚情操。班主任要引导同学们积极参与活动，服从安排，相互配合，并努力地按照要求去做，欣赏别人的优点，包容别人的缺点，善于鼓励同伴，取人之长，补己之短，虚心接受建议，只有彼此欣赏，团结合作，才能把一件事情做成功。

案例 3

我爱我家

永和学校六年级（3）班的班主任张老师在刚接手本班的管理时，对班级整体情况进行了分析。张老师认为本班中部分同学荣誉感不强，不是很热爱集体，集体观念不强。张老师针对班级的优缺点设计了一个活动，目的是帮助学生明确个人与集体的关系，领会集体的力量，树立集体观念，激发学生为集体共同目标而奋斗的热情。

活动中，班主任帮助学生感性理解家的概念："星空是星星的家，树林是树木的家，花园是花朵的家，大海是水滴的家，那么六年级（3）班是谁的家？"由此，引出本次班会主题——我爱我家。在活动中，张老师启发同学们展示班级风采，总结过去取得的成绩。最后，班长感慨地说："回顾过去，我们班也取得了一些成绩，听了同学们对班级的夸奖，我作为班长十分高兴。我愿意为班级的建设贡献更多的力量。我想现在大家心里都有一个和我一样的想法——那就是把我们的班级建设得更好，对得起老师对我们的教育。让我们一起加油！"

接着，班主任张老师组织同学们集体讨论班级不足之处及其原因，并谈谈每个学生应该怎样扬长避短，在班级建设中发挥积极作用等。学生讨论总结班级不足之处主要有三点：第一，有的同学学习态度不端正，有不完成作业、甚至抄袭作业的习惯；第二，下课有打闹的现象，玩的花样层出不穷，玩心太重；第三，有的同学上课听讲不够专心，抠手指、玩橡皮、弄尺子和思想开小差。张老师认为这些问题的存在都与同学们没有认识到学习的重要性和集体意识不够有关。

张老师还语重心长地说："同学们，当你沉浸于大海的波澜壮阔时，你可曾想过那是一滴滴小水珠汇集而成的。万里长城，举世瞩目，那是由一块块砖石垒成的！一滴水珠，是那么晶莹可爱，却经不起阳光的蒸晒，也经不起风的吹拂，但是一滴滴水珠聚集在一起，却可以汇成广阔的海洋。同学们，让我们大家都来做一滴小小的水珠，紧紧地团结在一起。利益面前要谦让，荣誉面前不争抢，团结起来是力量。"通过围绕"我爱我家"进行的主题活动，大家感受到了集体的力量和智慧。

【思考练习】

1. 班主任张老师新接手班级时认为本班存在的问题是什么?
2. 谈谈你对张老师设计的系列活动的感想?
3. 班级集体意识的培养可以通过很多种方式进行，你的建议是什么?
4. 如果需要对张老师的系列活动进行完善,你认为该在何处进行改进?
5. 请针对献爱心专题，设计一个班级系列活动。

【小组活动】

你认为组织班级系列活动应采取的步骤是什么?

【案例分析】

班主任张老师对新接手的班级进行了分析，找出班级存在的问题，然后针对问题设计系列主题班级活动，并有效开展。学生们在亲身体验的基础上，感悟班集体的力量，并在启发中思考总结班级的优点，反思自身的不足和对班级的影响，体会每一位同学的所作所为对班级的影响。老师用一滴水、一块砖的微不足道，但是汇集起来就不容轻视的例子，进一步说明集体好了，搭建的平台自然就高了，每一位同学随之就会在集体中进步和发展，创建一个有利于学生成长的环境，让每个学生都能体验到快乐，快乐地学习，快乐地生活!

案例 4

“三个一”读书活动

逸夫艺术小学四年级（1）班的班主任蔚老师为了提高班级学生的阅读能力和培养学生的阅读习惯，设计了班级读书活动。读书活动分为“三个一”“两个共读”和“三个读书时间”。“三个一”为：每月一书，学生自由阅读，参加班级举行的每月一次“我读过的一本书”班级读书交流会；每周一文，学生选择一篇文章阅读，各任课老师推荐阅读文章，张贴在“班级书香阵地”中；每日一诗，要求学生每天课前读背一则古诗。“两个共读”为：同伴共读，通过晨间、午间或课外活动时间进行阅读交流，把好书推荐给同学，把读书感受说给同学听；师生共读，老师和学生同读一本书，相互交流读书感受。“三个读书时间”为：晨间交流读，每周利用一个晨间时间，进行读书交流；午间休闲读，可以在班中，也可以在学校图书室中阅读；睡前放松读，每晚在睡觉以前读一会儿书。同学们在读书活动中把阅读书目、读书方法、精彩句子和读书心得等记录下来。

经过一段时间的读书活动的开展，学生们逐步养成了利用空余时间阅读的习惯，并在开展活动的基础上有意识地积累资料（班级书架图书借阅归还记载表、交流的资料、优秀作文集、读书摘记、读书记载卡和读书交流会心得等）。同学们一致反映此项读书活动收获颇丰。

【思考练习】

1. 谈谈你对李老师设计的阅读活动的感想。
2. 如果你是班主任，如何准备班级阅读活动的读物？
3. 你对如何检测学生的阅读计划和质量有什么建议？
4. 如果需要你对张老师的阅读活动进行完善，你会如何进行改进？
5. 请你针对读书专题，设计一个班级活动。

【小组活动】

依据本案例，评价“三个一”读书活动，小组代表总结发言。

【案例分析】

班主任李老师着眼于学生个体和集体的发展需要，利用班级阅读活动，为学生搭建展现才能、拓展视野和提升品位的平台，激活学生的思想，引导学生在阅读中成长，体会阅读给予的快乐。班主任对如何提高读书效率采取了多种形式的读书活动，还可以采取多读、精读、带着问题读、分角色朗读、有感情地读等形式，即用外在的形式促使学生在读书时能有所收获。

课堂教学是学生主要的学习渠道，而课外阅读则可以充实和扩大课堂学习的内容。搞好学生的课外阅读，培养他们良好的读书习惯，对于学生加深课堂教学内容的理解，开拓视野，提高兴趣，培养自学能力等都会起到很好的促进作用。

案例 5

"兴趣小组"活动

为了丰富校园生活，创设生动活泼的育人环境，使学生身心得以健康全面发展，邯山区实验小学美的分校五年级（1）班班主任周老师决定组织学生参加丰富多彩的兴趣小组活动，激发学生学习兴趣，发展学生个性特长。

周老师根据学生兴趣爱好及特长把兴趣小组分成美术组、舞蹈组和合唱组。她要求每个兴趣小组制定活动内容、活动目标和活动计划，及时做好"兴趣小组活动记录"，收集活动图片，学期末有"兴趣小组总结"，各小组组长负责组员考勤。

周老师以合唱小组为例，介绍兴趣小组的活动。首先，她请音乐张老师挑选队员组成合唱队，根据学生的生理条件划分声部。同学们在张老师的指导下制定活动内容为5首歌曲的合唱。其次，进行合唱训练，包括呼吸训练和发声训练。进行合唱训练包括熟悉歌曲、掌握旋律以及对歌曲进行简单的艺术处理。活动目标是本学期完成5首歌曲的合唱。活动计划为隔周进行一首歌曲的排练。在周老师和音乐老师的指导下，学生们有序地开展合唱训练活动。通过老师和学生共同努力，合唱组活动有序进行。合唱组成员在期末进行总结和汇报。汇报会内容丰富，有活动图片展，还有汇报演出。合唱组取得的成绩得到了家长和老师的充分肯定。

经过一个学期的实施，兴趣小组活动越来越受到学生和家长的欢迎和称赞。从此，兴趣小组的活动更加丰富多彩，不仅激发了学生的学习兴趣，也提高了全班的学习成绩。

【思考练习】

1. 如果你是班主任，如何组织班级兴趣小组？
2. 谈谈你对班主任周老师设计的兴趣小组的感想？
3. 你对学生如何开展兴趣小组活动有什么建议？
4. 如果需要你对周老师组织的兴趣小组活动进行完善，你的方案是什么？

5. 在设计班级兴趣小组活动时，应注意哪些问题？

【小组活动】

小组成员组成一个兴趣小组，设计小组活动计划。

【案例分析】

本案例中周老师组织的班级兴趣小组活动，既丰富了学生的课余生活，也为学生提供了自主发展所需的时间与空间。班级组织丰富多彩的文体活动，符合绝大多数学生和家长的意愿。通过兴趣小组活动，同学们不仅能够获得许多在课堂上学不到的知识和技能，而且还能体验团结的力量，分享合作的喜悦，激发学习兴趣，发展个性特长，养成良好的学习习惯，促进身心健康发展。

案例 6

练特长别丢文化课

汉华中学初一（1）班的两位同学高明和陈华，由于爱好体育，在校外报名参加了专门的体育训练项目。因为他们的训练是在校外，每周一和周三下午都需要请假去训练，班主任王老师认为这会耽误学习，所以希望学生再和家长商量看是否可以调整一下训练时间，不要影响学习。

班主任也为此开展了题为“练特长别丢文化课”的主题班会。会上，王老师举例说明练特长技能固然重要，但同学们千万不要掉以轻心忽略文化课，一定要两头兼顾。体育训练不能影响学习，可以适当调整训练时间，比如，可以在周六或周日去体育训练，这样既不耽误学习，又可以发展自己的爱好。高考录取时学校除了需要特长测试成绩外，还要求考生文化课成绩达到录取分数线，学生才能被最终录取。如果只是一味将精力扑在特长练习上，忽略文化课学习，到时可能因为文化课达不到要求不被录取。每年都有几位同学由于文化课考试成绩没达到要求，而与理想学校擦肩而过。因而特长学习与在校文化知识学习需要合理的协调。

经过劝导，高明和陈华调整了体育训练时间，做到了体育训练和文化课学习两不误。

【思考练习】

1. 如果你是班主任，如何解决体育生课外体育训练和上课时间冲突的问题？

2. 谈谈你对班主任的处理体育生不能参加正常教学活动的感想。

3. 作为班主任，如果体育生发生违反班级纪律现象，你如何处理？

4. 如果体育生或者其他特长生经常不参加班级活动，你如何处理这种情况？

5. 作为班主任，请你谈谈对特长生的管理原则。

【小组活动】

就如何使特长生在班级活动中发挥正能量，举行小组讨论，小组代表总结发言。

【案例分析】

本案例中，班主任王老师通过与学生家长交流和开班会，为像高明和陈华这样的同学指明了学习和训练特长兼顾的前进方向，使他们在练习特长的同时，学习成绩也得到了提高。

作为班主任，要时刻关心学生的个人发展，遇到问题主动与学生及家长进行交流。在遇到上述问题时，可以积极地与学生商量和交谈，首先肯定学生应该有自己的兴趣和爱好，但是要让学生明白，学生的主要任务是什么，现在是初中阶段，正是夯实基础的关键期，一定要认真地学习文化课，可以在学习之余发展自己的爱好和兴趣。文化课的学习和特长练习一样，都不是一蹴而就的，需要长期的积累和苦练才能达到较高水平。

案例 7

主动沟通

钢苑中学初中二年级(1)班的王老师在新学期为班级举行了一次以“主动沟通”为主题的班会，让学生反思平时与父母交往的典型事例，引导他们自主探索避免或缓解与父母的冲突的办法，使学生与父母的交往更加和谐。

在活动之前，全班一起做了四项工作。第一，每位同学完成上周进行的“父母是你特别的朋友”主题班会后的书面感悟，并从中评选出优秀作品在全班进行交流。第二，成立本次班会的策划小组。第三，全班同学收看“十四岁生日仪式”及“父母是你特别的朋友”班会的录像，在回顾体验的同时，思考如何与父母进行沟通，使关系更加融洽。第四，以小组为单位开展调查：我和父母有过哪些争执和分歧？活动中，同学们认识到：一方面，要与亲人多进行积极有效的沟通；另一方面，自己要换位思考，多想想父母的付出，要知道感恩。在进一步的活动中，同学们感悟到：在自己的成长进程中，应该主动承担更多的责任，而不是麻木地被动接受父母的关爱。

在活动结束后，班主任又及时组织学生进行反思，其中就包括将连续开展的“主动沟通”落实到具体的行动中，并在持续的关注中不断督促、鼓励同学们主动与父母沟通，主动承担自主发展的责任，让父母放心。

（资料来源：http://blog.sina.com.cn/s/blog_55f1ee8f0100laxx.html.）

【思考练习】

1. 你对班主任组织本次活动的看法是什么？

2. 如果你是班主任，对于学生与父母的沟通问题，你会给学生什么建议？

3. 你如何组织学生进行“主动沟通”活动后的反思？

4. 作为班主任，你召开家长会讨论对于如何与子女沟通的问题，你会给家长什么建议？

5. 你如何调动学生为本次“主动沟通”活动做准备？

【小组活动】

小组成员相互总结交流如何处理好学生和父母之间的关系。小组代表总结发言。

【案例分析】

本班学生正处在青春期，部分学生会有逆反心理，与父母沟通不多，产生隔阂。作为班主任，教会学生与父母和谐相处很重要。第一，建议学生主动与父母沟通。平时多与父母聊一聊在校的事情和学习上存在的困惑，和父母说说心里话，让父母了解自己的内心想法。第二，换位思考。不要动不动就和父母顶嘴，多站在父母的角度思考，体谅父母的心情和难处。第三，尊重理解。要多听听父母的观点，同时也要提出自己的观点。当观点发生分歧时，双方要冷静思考产生分歧的原因及解决的对策，达到求同存异的沟通结果。第四，多些宽容。遇事不必斤斤计较，因为父母是最爱我们的人，也应该是我们最爱的人。第五，有错就改。不隐瞒自己的错误，让父母帮助我们改正错误，父母是我们最好的朋友。第六，主动帮助。帮父母做些力所能及的事，让他们开心。

同时，在这样的班级活动中，学生们不仅能在技能方面学会主动策划、组织、实施各类活动，更能在生活方式上学会主动反思，调整自己的思想，学会主动与他人沟通、共创更加美好的未来，从而培养并展现自己的生命活力。

案例 8

一次英语竞赛活动

复兴路小学五年级共有四个教学班，英语成绩总体能达到课程标准的要求，可是有部分学生学习英语的劲头不大。为了激发学生们的英语学习兴趣，老师们商量举办一场英语故事比赛。得知比赛获胜者可以参加学校举办的英语趣味小组，许多同学都踊跃报名。年级组先组织了班级比赛，班级比赛获胜者参加年级比赛。在经过几轮角逐之后，年级获奖者终于产生了。年级组举办了隆重的颁奖仪式，获得三等奖以上的同学进入了自己梦想参加的英语趣味小组。同时，同学们的努力也获得家长、老师们和其他学生的认可，这成为同学们更加努力学习的动力。此次活动极大地激发了同学们学好英语的积极性和兴趣，在复兴区整体排名中，本年级英语成绩上升到第二位，取得有史以来的最好成绩。

【思考练习】

1. 本案例中的比赛活动忽略了什么问题或者存在哪些疏漏？
2. 设计一场比赛活动方案，应该从哪些方面着手？
3. 作为班主任，谈谈你对围绕学生学习而设计班级活动的建议。
4. 作为班主任或者任课教师，该如何激发学生的学习兴趣？
5. 如何利用班级比赛活动，帮助学生提高语文成绩？

【小组活动】

围绕学生学习，设计一门科目的比赛活动，提高学生的学习兴趣。

【案例分析】

定期举办比赛活动，尤其是人人参加的比赛，可以激发学生们的“好学心理”。英语竞赛加强了同学们对英语知识的了解和对以前所学知识的巩固，即对已经学习的内容进行了整体的回顾，让每位同学了解到自己知识的欠缺，以便进行针对性的复习。

英语竞赛丰富了同学们的课余生活，给同学们提供了一个展示自我的平台。同时，给缺乏自信的同学一个锻炼的机会和平台。在一个小小比赛上的进步会令同学们终身难忘，增强他们学习英语知识的积极性和主动性。同学们在竞赛中增长知识，在竞赛中碰撞智慧，这才是真正的智趣大课堂。

案例 9

趣味运动会

为了增加班级的凝聚力，提高学生们之间的相互帮助、团结合作的能力，提高学生的身体素质，育红路小学六年级（1）班的班主任方老师设计了系列班级体育活动。同学推选裁判两名，主持人一名，共同开展下列项目比赛。

项目一 自行车慢赛

比赛规则：自行车在跑道行驶，自前车轮从起跑线开始到后车轮越过终点线为结束，看哪辆自行车行驶得最慢，速度最慢的为最终获胜者。双脚都不可以触地，触地者直接下场，压线者需重新开始。全班 40 人，每组 5 人，每组选派 1 人参加，不限性别。每组自行准备自行车。一、二等奖各一名。一等奖为一本书和一瓶矿泉水。二等奖为一本书。

项目二 夹气球

比赛规则：每组选派 2 人参加比赛，共比赛 3 轮。两组人员抽签结队，2 人为一队。由裁判将气球置于比赛选手背部，最先到达终点者获胜。中途气球掉落者，回到起点重新开始。每轮取 1 名获胜者，奖品为一瓶果粒橙。

项目三 三人四足

比赛要求：每组选派 3 人，将 3 个人的脚分别两两绑在一起，比赛开始由起点出发，最先到达终点的组获胜（3 人必须都到达终点）。获胜者每人奖励一瓶雪碧。

项目四 盛水接力

比赛要求：以组为单位，5 人一组。每个组员嘴里叼一个纸杯，比赛开始，由裁判员给第一个同学杯里倒满水，第一个用嘴叼着倒给第二个，依此类推，第五个同学将自己杯里剩下的水倒进容器。规定时间（3 分钟）内，看哪个组剩的水多为胜者。比赛期间参赛选手除了用嘴接触水杯，不可以用身体其他部位触碰水杯，否则视为犯规，重新开始接水（每组准备一个尽量相似的脸盆，并找一名舀水的同学）。获胜组每位同学奖励一瓶雪碧。

比赛结束后，由班主任进行点评，学生代表发言。之后，邀请任课老师为获奖同学颁发奖状和奖品，集体合影。

【思考练习】

1. 请你谈谈趣味运动会对班级凝聚力形成起到的作用。
2. 你对自行车慢赛这项活动奖品发放的想法是什么?
3. 如果你是班主任，会举办什么活动增强班级的凝聚力?
4. 在组织班级趣味游戏时，你会采取何种措施调动学生的积极性?
5. 活动结束后，你会反思此项活动的得与失吗?

【小组活动】

根据小学生的特点，设计一项班级体育活动。选出小组代表说说活动设计理念。

【案例分析】

趣味运动会的四项比赛活动都是趣味游戏。学生们在紧张的学习之余参加比赛，既能锻炼身体，放松心情，又能团结合作，增强班级的凝聚力，可谓是一举多得。值得肯定的是比赛规定：如果气球中途落地或用嘴以外的身体其他部位触碰水杯，则重新开始。这一规定能够培养学生遇到困难永不放弃的精神。作为一名教师，在设计安排班级活动时，要多加思考，尽量让班级活动既有趣，又有效，做到寓教于乐。班级活动的安排上也应当有一定的整体性，从而使得每一次的班级活动发挥最大作用，实现促进学生全面协调发展的目标。

百科知识竞赛

曙光小学六年级（1）班班主任马老师为了活跃学生的课余生活，设计以百科趣味小知识抢答为主、各种小游戏为辅的百科知识竞赛，使同学们在娱乐的同时，增长知识。活动以小组的形式进行，全班同学分为6个小组（每组必须有2~3个女生），班长组织本次活动并作为裁判。

第一个环节：组名大比拼（本环节20分钟）

目的：培养学生小组团队意识。

规则：（1）各组推选出一个组长，每组都写出自己觉得意义深刻的组名，然后由组长宣读组名，并解释组名所具有的意义。

（2）当各组的组名都展示完毕后，各组之间互相投票表决哪个组名最好，但各组只能给别的组投票，不能投本组，每组只允许投一票，最后由班长统计票数。

（3）胜出的小组会得到一面小红旗。

第二个环节：百科趣味知识竞答（本环节15分钟）

目的：培养学生广泛的爱好，增强百科知识学习兴趣。

规则：竞答趣味小知识，在活动前要准备好。主要涉及文史知识，如文学知识、地理知识、历史知识、政治常识等。

（1）由各组组长代表各组选出一类题。每类有3道题需要该组回答。（每类题只能被选2次，6组一次回答完毕。）

（2）回答正确一道得10分，回答错误扣5分。

（3）分数最少的一组表演节目。节目内容不限制，人数不限制。

第三个环节：歌曲接龙（本环节15分钟）

目的：进一步加强组员团队精神，而且可以展示组员个人风采。

规则：（1）每组由第一个组员起头，唱出一句或几句歌曲后，第二个组员需以第一个组员歌词的最后一个字为开头，接下一首歌，依次接下去。

（2）每组可以反复循环接下去，直到接不下去为止。但同一个组员可接唱不超过3次。

（3）每接一首歌得10分。

（4）最后得分最高的一组要求得分最低的一组表演节目。

第四个环节：心有灵犀（本环节10~12分种）

目的：培养学生之间的默契。

规则：

（1）每组选择两名选手进行猜词。

（2）每组有15道题，而每个词只可以猜2次。

（3）猜词的时间为每组1分钟。一个人在前面给提示，另一个人背对关键词进行猜词。提示可以用手势做出动作，或者用其他句子来形容，但是不能包含所猜词中的任何一个字，也不能用其他语言表述该词。

（4）每猜对一词得5分，猜错不扣分。

经过班主任和班委的努力，百科知识竞赛活动在愉快的气氛中进行。活动受到同学们的欢迎，大家纷纷要求多举办此类活动。

【思考练习】

1. 本案例中的百科知识竞赛活动有什么特点？

2. 如果你是一个百科知识竞赛活动方案的设计者，你的设计主题是什么？

3. 作为班主任，你会给负责活动设计的同学哪些建议？

4. 你认为哪些活动能培养团队协作精神、提高班级凝聚力？

5. 组织百科知识竞赛的难点是什么？

【小组活动】

小组设计百科知识竞赛，选出小组代表说说设计方案的框架。

【案例分析】

本次活动以百科知识竞赛为主题，培养班级同学的团队精神和协作能力，增进了同学之间的友谊，丰富了大家的课余生活，拓展了学生的视野，锻炼了学生的思维，促进了各学科的交流。活动倡导团队精神，能增进班级同学之间的感情交流，促进学风建设和知识文明建设，提高班级的凝聚力。

案例 11

“衣”我之见

联纺学校初二（1）班班主任邢老师发现班级中一直存在着不按学校要求穿校服、同学间攀比服装品牌的现象。结合初中时期青少年的心理活动以及有关知识，邢老师策划了题为“‘衣’我之见”的主题班会活动，以期能够帮助同学们走出服装攀比这一无谓的比拼误区，享受轻松简单的校园生活。

班会中，邢老师向同学们说明班级中近来存在不穿校服、服装攀比现象，启发同学们的思考，运用所学知识，对这种现象提出自己的观点。他随机请三名同学到班级前边站好，并鼓励同学们积极用语言去形容这三位同学的衣着，表达出自己的想法和感受。通过这一环节，同学们以更加冷静客观的目光去欣赏自己周围同学的衣着，了解自己的审美观和内心活动。

接着，邢老师又提出问题：衣服的作用有哪些？首先，他给同学们5分钟左右的时间讨论，之后请同学回答。邢老师结合同学们的答案，对服装的作用加以说明，分别为以下四点：遮体、驱暑避寒、标志作用和审美作用。结合以上所说服装的四个作用，邢老师向同学们说明青少年的美体现在他们的青春和活力，体现在他们的激情和火热，引导同学们走出服装攀比的怪圈，学会欣赏自己和周围的人。

通过分析，学生们理解了学校要求统一着装的做法。渐渐地，班里同学不再攀比服装，不再向家长提出额外买服装，而把精力集中到学习上。从此，班级学习氛围逐渐浓厚起来。

【思考练习】

1. 邢老师举办“‘衣’我之见”主题班会的目的和意义是什么？
2. 在学校穿校服和穿便装有什么区别？
3. 中学生为什么一定要穿校服？
4. 中学生穿校服是否能够更好地约束自己，都有什么优缺点？

5．“现在的学生与十几年前的学生相比，更强调个性，追求与众不同，自我意识较浓，爱‘酷’，而统一着校服自然压抑了这种追求，有违学生的天性。”这种说法对吗？为什么？

【小组活动】

辩论。6人一组，其中3人为甲方，另外3人为乙方。甲方认为穿校服能提高学生的学习成绩；乙方认为不能。

【案例分析】

分析穿着校服和服装攀比的行为，二者的共同点在于都是与服装有关，邢老师认为了解服装的作用对于更好地评判这两种行为有着十分重要的意义。当学生了解到服装的作用时，才能更为理智地规范自己的行为。基于此，邢老师从服装的作用这一角度展开，组织了“衣”我之见的主题班会。

邢老师认为一味地向学生们提出各项有关规定，要求他们穿着校服、不要进行服装攀比只能是收效甚微，并不能够从根本上让学生们信服这一校规，也不利于真正帮助同学们形成正确的审美观和价值观。因此，他决定从分析原因入手，通过向同学们揭示学校这一做法的深层原因，让同学们通过自己的思考和判断，选择出正确的做法。

通过这一活动，学生们得以更好地了解到服装的作用，明白了校服的作用，也对于自己的审美观和价值观有了一个更为清晰的评判。但是，本案例的活动同时也存在不足之处。如何更好地将服装的作用与引导学生遵守穿着校服这一校规相结合，如何更好地引导学生不要进行服装攀比，这些问题仍然需要在今后的学习和工作中积极思考，不断改进教育方式方法。

案例 12

与快乐同行

开元小学四年级（3）班班主任鲁老师本学期中设计以“与快乐同行”为主题的班级活动，旨在帮助小学生正视自己的烦恼，并掌握排除烦恼的方法，使每个学生拥有快乐的情绪体验，保持快乐的心情，用微笑面对学习和生活，以达到良好的活动效果。

鲁老师在活动前，要求学生们把一次不快乐的经历，用简笔画的形式画出当时的心情或用简短的话写在纸上。学生动手画完后汇报。

活动一：我的困惑（提出问题）

鲁老师要求学生把心中烦恼的事情告诉大家，让同学们一起来解决烦恼。学生的问题很多，比如：

（1）“当我想要买一个‘米奇’大书包时，妈妈总是不答应，我很烦恼。”

（2）“迟到了。老师批评我，我很烦恼。”

（3）“被同学误解时，我很烦恼。”

（4）“妈妈整天唠叨我学习的事，我心很烦。”

（5）“选班级干部时，我觉得自己和文娜差不多，可大家没选我，我心很烦。”

活动二：智慧泉（寻找方法）

鲁老师说，现实生活中有这么多的烦恼影响到我们的心情，也会影响到我们的学习和生活，下面，我们来一起开动脑筋想一想，找到排除烦恼的方法，让自己快乐起来。同学们在讨论中想出一些办法，比如：

（1）妈妈总是不答应给你买书包，一定有妈妈的理由，你应该为妈妈着想。

（2）你现在的书包不是很好吗，何必买那么贵的呢？

（3）你可以把这件事告诉奶奶，也许奶奶会满足你的。

（4）妈妈整天唠叨你学习的事，你可以把烦心的事写在日记里，这样就会好受些。

（5）做自己喜欢做的事，这样就会减轻你的烦恼。

鲁老师很欣赏同学们解决问题的能力。他说："你们真了不起！其实，大家已经找出了排除烦恼使自己快乐起来的方法。在生活中，有烦恼是正常的事情，但怎样能使自己快乐起来，能够保持积极向上的态度很重要。今天我们已经掌握了很多排除烦恼的方法。遇到烦恼时，我们可以写写日记或自己劝劝自己。对所产生的烦恼进行正确的分析，找出原因，并坦诚地接受和积极地面对它，这是调控不良情绪很重要的一种方法。只要我们能够正确地认识自己，就能够取得成功。实在难过时，我们可以放声大哭、大喊，合理地宣泄，但要注意场合；还可以做自己喜欢做的事，这样就会减轻我们的烦恼。摆脱烦恼的方法是多种多样的，不同的问题要具体分析，恰当解决。掌握了方法，就能解除心中的烦恼。"

【思考练习】

1. 除了鲁老师提出的排除烦恼的方法，你还能补充哪些方法？
2. 如何对心理有问题的学生进行帮助和沟通？
3. 当你遇到了烦恼，可这时你又该去上课了，你如何处理自己的心情？
4. 有同学找你谈心，你又忙于做一件事，你会怎么做？
5. 有同学在班上回答问题时，遇到了困难，感到很自责，当着同学的面就哭起来，作为老师，你会怎么办？

【小组活动】

组织小组同学们讲述一次自己非常快乐的经历，并用简笔画的形式画出当时的心情，说给大家听。小组代表总结此次活动的优点和不足。

【案例分析】

本次活动以"与快乐同行"为主题，有意识地让学生认识自己的烦恼，并帮助学生掌握排除烦恼的方法，培养健康积极的情绪、树立完美的人格。这一活动使每个学生经历了快乐的情感体验，保持了愉快的心情，用微笑面对学习和生活，以达到良好的教育效果。每个人在成长的过程中总会遇到各种各样不良的情绪困扰，只要我们正确地面对，努力地克服，善于调适自己的心情，就会在以后的生活和学习中，保持积极的心态、开朗的性格和坚强的意志，用微笑面对生活，每天都拥有一个好心情。

案例 13

珍爱生命，珍惜水资源

曙华中学初二年级（1）班班主任王老师为了锻炼学生的自主学习能力和组织能力，给同学们布置了一个活动，学生自愿报名准备视频材料，查找自然界的水循环、水的利用现状、洪水、干旱和水污染等有关水的主题资料，并针对“水资源”主题，向同学们展示水资源状况。李岩、王颖和李佳佳自愿报名后结成小组，提前对于相关资料的收集、场所的布置、负责人的分工等进行合理、周密的安排。李岩向同学们展示干旱图片，和同学们讨论水给人们的生活带来的影响，并与自己的生活比较。王颖向同学们展示水污染的图片，并说明饮用水、灌溉用水、河水、海水的污染导致动植物失去了生存的家园。李佳佳向同学们宣传节水的图片，引导同学们节约水资源，针对播放的视频及图片让大家进行思考与讨论。

同学们在三位同学的讲解和组织的讨论中获益颇丰。大家不仅了解了水资源的状况，懂得了热爱大自然、珍惜水资源的重要性，而且锻炼了自主学习能力和组织能力。三位同学为其他同学做出了榜样。

【思考练习】

1. 作为班主任，如何通过班级活动的形式充分调动学生自主学习的积极性？

2. 如何通过活动锻炼学生的组织能力？

3. 如何锻炼学生的表达能力和总结能力？

4. 如何组织学生找出在实际生活中节约用水的方法？

5. 如何引导学生应用互联网开展拓展学习？

【小组活动】

小组分工合作，讨论组织学生开展绿色环境保护的活动方案设计思路，小组代表总结发言。

【案例分析】

此次的主题活动，在让同学们了解了水循环原理、丰富了科学知识的同时，也懂得了水来之不易。我们每天都用到水，要理解水对我们的重要意义，明白当前的水资源利用状况。虽然我们现在有水用，但是很多地方的水资源缺乏。理解自然界水循环的原理，学生会产生“保护水源、人人有责”之感。继而开始珍惜水资源，从自己做起，从小事做起，不浪费一滴水。

本次活动在拓展了知识的同时，也锻炼了同学们的自主学习能力和组织能力。同学们自愿结成小组，进行分工，有的同学搜集资料，有的同学讲解和组织同学们思考和讨论问题。因为有分工合作，小组成员出色地完成了班主任交给的任务，为今后班级活动的开展奠定基础，做出了榜样。

案例 14

紧急疏散演练

育德路小学二年级（1）班接到学校通知，为防止意外事故的发生，确保在校师生的生命安全，定于5月12日下午参加全校紧急疏散演练活动。地点为教学楼外操场。班主任陈老师参照学校活动设计和安排，制定了以班委会成员为主的安全预案，对全班学生进行演练前的培训。

首先，陈老师讲解疏散要求和注意事项，教育学生要以平常心态对待这次演练，做到疏散时不慌乱，按指定疏散通道向外疏散。特别提醒学生有序进行活动，不猛跑、不推搡前面的同学，保持一定的距离，防止因行为不当而导致演练中发生人员踩踏、伤亡等事件。具体疏散流程是：听到警报，班主任开始组织学生有序撤离班级，要根据演练方案确定的顺序依次跑出教室，班长在前带队，副班长在队伍旁跟随监督、指挥，班主任在后组织，确保每位同学的安全。听从楼梯转弯处的值班老师指挥进行疏散，防止在楼梯上拥挤或摔伤。行进中不得讲话，更不得大声喧哗。下楼过程中，和别班队伍相遇时，要让先到的队伍先下，千万不能争着下楼梯。到指定地点后，体育委员及时清点人数，将人数统计情况报告给班主任。

学校紧急疏散演练活动开始后，学生们在班主任陈老师带领下有秩序从楼梯向下撤离，按照预定的疏散路线迅速撤离到事先指定的地点整队，并抱头蹲下。警报解除后，演练结束，同学们到篮球场站队，并按广播操队形整队站好。

（资料来源：http://wenku.baidu.com/view/16defc8cf90f76c661371a8f.html.）

【思考练习】

1. 陈老师是怎样组织本班紧急疏散演练的？
2. 作为班主任，你会经常组织紧急疏散演练活动吗？为什么？
3. 组织紧急疏散演练活动的重点环节是什么？
4. 如何发挥班干部的作用，协助教师组织紧急疏散演练活动？

5. 作为班主任，除了紧急疏散以外，还应组织哪些预防突发事件发生的应急活动？

【小组活动】

在小组内交流，谈谈自己上中小学时参加应急演练活动的经历及感受。

【案例分析】

此案例中，育德路小学坚持“预防为主，安全第一”的原则，以“建设平安和谐校园，办人民满意教育”为宗旨，开展校园安全疏散暨防震演练活动，以防患于未然，提高师生的安全意识和逃生能力。为使本班同学顺利完成学校的演练，陈老师精心策划了安全预演，并把紧急疏散中的注意事项、不守纪律不听指挥的危害向同学们讲得清清楚楚。同时，陈老师还充分发挥了班干部的组织和管理能力，使其协助老师完成此次演练任务。和平年代，学生对于突发事件的应付能力比较弱，因此，经常组织学生参加应急演练活动，对提高学生的听从指挥、自我防范意识，培养学生互助友爱、团结合作的精神显得十分重要。

案例 15

一言一行见公德

复兴小学五年级（1）班班主任刘老师为了培养学生热爱劳动的意识，计划开展每周一次的“美化环境”活动，专项负责人为副班长及生活委员。刘老师要求同学们立足校园，美化身边环境，积极参加班委会组织的教室、宿舍、清洁区美化校园活动，清扫本班承包的卫生区的卫生死角、清洁墙壁脚印、保持班级环境卫生。刘老师还要求同学们在认真做好值日工作的同时，维护校园清洁，一方面自己做到不随地乱抛纸屑、果壳等杂物，还要督促别人；另一方面见到校园内有垃圾能自觉主动地捡起放到垃圾桶里。

活动刚开始的时候，有些同学不愿意参加劳动，认为自己在家里都不干活，到学校是学习来了，不应该干活。刘老师针对这种思想，给同学讲解“人人为我，我为人人”的理念，让大家明白只有在美好的环境中，才能形成美好的品格。经过两周的活动，班级和班级卫生区的环境变美了，同学们也都体会到干净的环境换来了愉悦的心情。刘老师对积极参加打扫卫生的同学给予了口头表扬，同时又和不愿意参加劳动的同学进行循循善诱的交流和沟通。逐渐地，这些不愿意干活的同学感到自己的行为有悖常理，开始对自己的行为感到惭愧，之后也加入到同学们的美化环境的行列中，成为此项活动的积极参与者。

【思考练习】

1. 刘老师举办“美化环境”劳动活动的目的和意义是什么？
2. 对一部分不爱劳动、偷懒的学生，你应怎么教育与引导？
3. 开展培养学生公德意识的活动对学生成才有什么意义？
4. 有的学生家长认为学校的卫生应该请保洁公司打扫，你如何看待家长的观点？
5. 你认为开展哪些班级活动能培养学生遵守公德？

【小组活动】

以一个公共场所为例，说说大家应该在这个场所遵守的公德是什么。

【案例分析】

在“美化环境”这项活动中，班主任刘老师针对在活动过程中遇到部分学生不想参加劳动的问题，通过表扬鼓励先进分子，与不愿参加集体劳动的部分同学积极沟通的方式，及时纠正了学生的消极做法。班主任开展公德活动不仅能够让全体学生明确自己的公民身份，树立公民意识，自觉规范言行，还能够激励学生从身边小事做起，关爱他人，关心集体，关注社会，成为合格的公民。教师不但应成为学生学习的引导促进者和为学生学习提供资源的服务者，而且在帮助学生学习知识的同时，还要帮助学生养成热爱劳动的优良品德，成为学生的人生导师。

第六章 班级文化建设

如果没有好奇心和纯粹的求知欲为动力，就不可能产生那些对人类和社会具有巨大价值的发明创造。

——前哈佛大学校长 陆登庭

案例 1

一次别开生面的家长会

新华小学三年级（2）班在开家长会。班主任何老师出现在家长会的最后一个环节：主持颁奖典礼部分。

何老师说："我把最最重要的奖放在最后，大家猜猜看，什么是最重要的奖？"

第一项表彰：建设 1.35 平方米五星级课桌奖

何老师说："咱们班课桌这块'1.35 平米土地'，不种垃圾，只种鲜花。咱们班的课桌情况才稍有好转，不过离我的标准还差得比较远。同学们继续努力。"

第二项表彰：各学科学霸奖

何老师让同学们一起齐诵榜单上的名字，算是表扬。除了考试，还有口语测试、朗诵考试、即兴演讲比赛、书写考试、班级小作家等各类奖项。

第三项表彰：阳光锻炼奖

何老师说："班上课间爱踢球的那些淘气男孩儿，虽然有点儿惹是生非，但热爱锻炼是肯定应该表扬的。"

第四项表彰：创新最佳公务员奖

何老师说："这是今天我们要重点推出的星级表彰了，比如管理擦黑板的班长。自从雅秋接任了这个工作，我们班在擦黑板上就从来没有出过问题了。安排、提醒、代劳……每一件小事都需要天天坚持，不容易啊！"

最后一项表彰：最高奖励——阳光思维奖

"为什么这个奖是最高奖呢？"何老师说："我们为什么要努力学习？有些同学，分数已经考得很高了，内心还是焦虑，天天担心有人超过自己，提心吊胆地生活。大家想一想，这样的高分有用吗？所以，如果不能让自己的心灵变得更沉静，再大的成功也是不幸的，都不是最成功的。"

（资料来源：http://blog.sina.com.cn/u/2041562123.）

【思考练习】

1. 你觉得这个家长会有什么特点?
2. 老师为什么要设立如此多的奖项?
3. 老师为什么把“阳光思维奖”设为最高奖?
4. 多维的学生评价机制对班级文化建设有什么意义?
5. 你如何看待目前学校班级管理工作中以成绩“一白遮百丑”的现象?

【小组讨论】

如果你是案例中的老师，你还想设立一项什么奖，小组讨论后展示。

【案例分析】

有些班主任老师不太重视班级文化建设。其实，对于一个班而言，建设什么都不如建设班级文化；改变什么，都不如改变学生的思想。班级文化建设的一个重要平台就是主题班会，老师可以通过在班会中处理班级事务和开展班级集体活动，进行班级价值观的渗透。设计与组织班级教育活动，并通过活动达到育人的效果，这是班主任的一项基础性工作。建设良好的班级文化有利于学生全面发展；有利于学生形成健全的人格；有利于全体学生的发展；有利于今后课堂和班级管理工作的顺利开展。多维的学生评价机制有助于建立健全健康、平等阳光、团结向上的班级班风，有助于学生的心理健康和全面发展。“仅以成绩论英雄”的班级管理方式是老师教育工作的一项重大失误，不利于学生人格的养成和良好心理品质的形成。

案例 2

不要忙着立规矩

作为班主任，对于新学期新接的班级，常态的思维是：先把规矩立起来。没有规矩，不成方圆。有了“规矩”，老师就有了治班的“抓手”，就可以和孩子们“斗之有据”了。但是南关小学二年级（1）班的王老师并没有这么做。她接了新班后静静地观察了好一段时间才行动。观察什么呢？观察学生的个性，家长的心态，班级的长处和不足，找出亟需解决的和可以慢慢解决的问题。她让这个班在以前的轨道上再按照惯性滑行了一段时间，以让每一个孩子充分展示自己真实的一面，让班级充分展现本性，也让孩子们有足够多的时间来观察新老师，适应新老师。

所以，王老师在接班 33 天后，才拿出了新的班规。她开始引导学生按照老师的想法来成长。从整体情况来看，因为有足够多的铺垫，有足够长的时间，孩子们接受得比较好，家长也支持。很快，班级面貌就发生了不小的变化。

（资料来源：http://blog.sina.com.cn/u/2041562123.）

【思考练习】

1. 你觉得王老师制定的班规有什么意义？
2. 王老师在制定班级制度时注意到了什么问题？
3. 你认为好的班规需遵循的基本原则是什么？
4. 你认为班规应包含哪些内容？
5. 你如何理解“她开始引导学生按照老师的想法来成长”这句话？

【小组讨论】

谈谈你们曾经不满意的班规。

【案例分析】

班规其实是一个班级的班级制度或公约，是全班共同遵守的公约，包括文明礼仪、学习常规、考勤常规、基本规范、卫生执勤、奖惩等多个方面，是班级活动的行动指南。班级公约的制定要本着“自上而下”的原则，需要班主任在充分了解班级、了解学生，在教育文化价值取向、学生培养目标取向等各个方面的指引下，因时制宜，因地制宜，在充分考虑学生实际的情况下制定与班级文化建设相匹配的班规和制度。王老师是一个有心人，她体会到学生每换一个班主任，就像孩子断奶一样，要有一个过渡期。老师要理解学生的这种不适应，不能够粗暴地斩断他们已经形成的一些想法和做法甚至是对以往生活的眷恋。新的班主任要陪伴孩子一起珍惜过去的时光，一起度过这个换班主任的过渡期。

案例 3

真相并不永远都是最重要的

太阳路中学初一年级（4）班的李阳把自己的20块钱放在课桌上。下课时，张行恰好到李阳这边来玩儿。张行走后，那20块钱就找不到了。下课后，李阳去学校小卖部，发现那20块钱已经在小卖部里了（据李阳说，那钱他做了记号，他认得那钱）。恰好张行又在吃零食。于是，李阳断定钱就是张行偷的。质问过程中一来二往，俩人就打起来了。

班主任王钧老师知道后，跑过来把他们拉开，随后让这件事“冷冻”了几天。一个星期之后的班会课上，老师着手解决这个问题。

首先，王老师说：“李阳、张行的事件，大家都知道了。我很同情这两个孩子。发生这样的事儿，两个孩子肯定很难过。遇到麻烦和矛盾不可怕，关键是矛盾降临时如何用正能量思维化解麻烦、解决矛盾。”老师继续说：“这种事情，谁都难免碰到。但结果可能不一样啊！其实，我们可以不选择冲动，而选择其他的情绪。现在我们假设回到事件现场。如果你是李阳，突然发现自己的20元钱不见了，你可以怎么想，就不至于太难过和冲动呢？至于方法嘛，那就是我们四班的‘阳光思维方式’——喜微笑、爱赞美、先自省、会理解、不指责、勿抱怨、多包容、少焦虑。”

一个女孩儿举手起来说：“如果是我，我就想20块钱，不算多。还好，不是200。”大家哈哈大笑。一个男孩儿说：“完了完了，钱不见了。我真傻，怎么能够把钱放在桌上呢？接受教训接受教训。”一个女孩儿又说：“20块钱不见了，今天的零食吃不成了，也好也好！”……

大家叽叽喳喳，说了好些。

后来，王老师讲了一个故事，告诉大家其实真相并不那么重要，有时候，我们完全可以不必探究真相。

这个故事是王老师自己小时候的故事。“小学四年级时，我还是个臂膀上别着三道杠，老师顶顶信任的大队干部。当时我负责管理班费。总数目大概有十来块，就是这笔钱让我犯了个大错误。在那个物质极其贫乏的年代，我终究没有抵抗住零食的诱惑，把钱全部买了零食。等到老师催我上交‘班费’的时候，‘小金库’中的钱已经寥寥无几。小小的‘我’吓得手足无措。我紧张恐惧得连学也害怕上了。但奇怪的是，班主任胡老师追问了我两次之后，便好像忘记了一般，再也没有提起。我一边暗自庆幸，一边绞尽脑汁想办法，想赶快弥补这亏空。我最后通过到垃圾场拾荒挣钱的办法攒够了这笔班费。当我把钱交给胡老师的那一刻，胡老师没有说什么，只是深深地看了我好一会儿，然后挺神秘地笑眯眯地走了。我暗自庆幸，也深受教育。后来，虽然经我手的钱越来越多，在钱的问题上我却再也不敢大意。”

王老师讲完，班里鸦雀无声。

（资料来源：http://blog.sina.com.cn/u/2041562123.）

【思考练习】

1. 你能从案例中捕捉到这个班的精神文化内涵吗？
2. 为什么老师选择“不破案”？
3. 你如何看待这位老师处理班级突发性事件的方式？
4. 你觉得班级文化的形成对于处理班级事务有什么作用？
5. 如果你班上的一个同学偷了钱，你会如何处理？

【小组讨论】

一次放假回校之后，一个孩子痛哭流涕不肯回教室，老师再三追问，他才嗫嚅着道出原委：原来他一学期的生活费在车上全部被小偷偷走了。老师在焦急之中毅然掏出了100元钱资助他。但半年之后，孩子的父亲来为他“造孽”的儿子“请罪”，当时孩子撒了谎。如果你是这位老师，你会怎样做？

【案例分析】

学校出现的“偷钱”问题，要酌情处理，也要与“警察对待小偷”的方式区别对待。案例中的“偷钱”其实是个说不清道不明的问题，数额不大，不能“定性”处理。王老师出色的地方在于把这个事件作为班级文化建设的一个契机，既解决了矛盾，又对全班学生进行了思想教育工作。班级精神文化说到底就是一种班级价值观，它的最终目的是使班级每个成员的内心有一种认同感和自在感，使学生的精神世界富足饱满，从而真正学会做人做事。王老师以此为起点也以此为目标，可谓“一箭双雕”。真相并不重要，育人是根本目的，这是每个班主任老师值得探究的一个课题。

案例 4

一次浪漫的评价

王老师是实验中学初二年级（1）班的班主任，同时担任该班的语文课。在评语写作上王老师已经做了相当多的探索了。她决定搞一次一箭双雕的评语写作活动——老师要和学生一起来一次浪漫的评价。

第一步：五则评语绘同学——横看成岭侧成峰

这果真是一次灵感迸发、情趣独具的写作。请看下边部分评语：

他是一个整天抱着一本《易经》来研究的文学家；他是一个有着与众不同思维的创新学家；他是一个悠然拉着小提琴的演奏家；他也是一个有空就研究“生化武器”的化学家……这就是张钪，一个优点多，缺点也不少的可爱男孩儿。（蒋云淞）

第二步：一副对联赞同学——一片冰心在玉壶

学生创作的对联虽然还不特别工整，但是也很有一番风味了。请欣赏部分佳作：

憨憨笑笑，胖胖女孩古道热肠！殊不知毛虫虽辛苦，破茧而出翩翩飞

懵懵懂懂，小小脑袋胡思乱想！需牢记道路尽崎岖，闭目而行跌跌撞（杨雅云）

笑苍生　妙语解颐　戏言人间百态

观世事　怪论联珠　大话天下风云　（蒋云淞）

第三步：一句点评激同学——不畏浮云遮望眼

这一步是由班主任王老师来完成的。在同学们创作的基础上，王老师用一句话点评对每一个同学的评语进行了“三度创作”。王老师以这样的风格写到：

你用朴实打造内心世界的华美，所以你富可敌国——写给才女杨羚箐

侠女加才女，你还怕谁？——写给武侠小说迷杨雅云

评语写成以后，我们对评语进行了“双发表”：一是发表在班级博客中供大家欣赏；二是制成了“评语感恩卡”，在家长会时送到每一位家长的手上。

（资料来源：http://blog.sina.com.cn/u/2041562123.）

【思考练习】

1. 王老师的评语写作有什么特点，带来了哪些好处？
2. 王老师是如何把评语写作与学生的德育工作结合起来的？
3. 这次评语写作活动有什么文化内涵？
4. 这样的活动有利于形成怎样的班风？
5. 类似这样的文化活动对学生个体成长有什么好处？

【小组活动】

小组讨论后合作设计出一个文化活动方案。

【案例分析】

一个好的班级文化活动是思想教育和知识教育的综合。它应该符合时代特色和学生的心理年龄特点，符合学生思想实际，能解决学生的思想问题，是教育的继续。初中学生正处在个性形成而又唯我独尊的心理叛逆期，他们希望自我特质的彰显，同时又期待他人的认可。在这个阶段，团结活泼的班风建设尤为必要。王老师创新性的启动评语写作活动调动了同学们文学创作的激情和表达自我、欣赏他人的激情。评语，开创性地把德育工作和文学创作结合了起来。王老师的一句话点评对学生帮助很大，首先它对所有评语的思想性进行了一次深入锤炼，其次，它是对每个学生特质和个性的赞美，读后让人如遇知己，如沐春风。评语，成为了孩子认识自我，发人内省的方式，成为了孩子们思考生活，自信前行的航标。正如王老师自己所说：“这是一次洋溢着诗意和浪漫的思想之旅、文学之旅。”

案例 5

垃圾不落地运动

中华桥小学二年级（4）班的新班主任谢兰老师，经过两天的观察，发现教室的卫生很差。讲台上常常堆着废弃的粉笔盒和其他杂物，断粉笔头到处都是。卫生角更是不能看，纸篓旁边全是垃圾。孩子们的座位四周，课桌上面，也都是各种垃圾。

周一早读课，谢老师带着两个精致的铁皮盒子走进教室。

谢老师说："聪明的同学们，先来猜个谜语。去过台湾吗？台湾每天傍晚有一个时间段，家家户户都出来排队等着做同一件事。想想，他们在干啥？"

"倒垃圾——"

有一个孩子答对了。

"为什么要这样倒垃圾呢？"

"大概是他们没有公用的垃圾箱吧……"这个孩子若有所思地说。

然后，谢老师慢慢跟同学们聊起来。"台湾是个很干净的地区。一是因为那里的公民素质比较高，还因为他们有一个很好的制度——垃圾不落地制度。各家的垃圾都是各家收拾好。每天傍晚垃圾车会开到各个街区，然后各家各户就排队把自己的垃圾送出去。这样做有什么好处呢？"谢老师问。

"垃圾箱少了。"

"垃圾乱丢的情况少了。"

"每家人都为自己的垃圾负责。"

"可以减少环卫工人的工作量。"

"让垃圾少走一些路。"

"让环境变整洁了。"

……

孩子们还是挺会分析的。

铺垫做好了，谢老师又说："其实，我们也是一样。如果每一个人都做好自己的垃圾管理工作，咱们班就会变样。我们可不可以从第一件事开始做起呢？”

垃圾不落地运动！孩子们一致同意！

这是谢老师接班后开展的第一项工作。

（资料来源：http://blog.sina.com.cn/u/2041562123.）

【思考练习】

1. 为什么班主任老师接班后第一件事情就是整顿卫生问题？
2. 这位老师为什么不制定一条班规简单解决卫生问题？
3. 你觉得教室的环境布置可以从哪些方面入手？
3. 一个班级的物质环境能够体现班级文化特色吗？
5. 什么样的物质文化环境是你所期待的？为什么？

【小组讨论】

教育家苏霍姆林斯基说：“无论是种植花草树木，还是悬挂图片标语，或是利用墙报，我们都将从审美的高度深入规划，以便挖掘其潜移默化的育人功能，并最终连学校的墙壁也在说话。”你理想中的班级环境应透露出怎样的文化底蕴？

【案例分析】

班级物质文化环境是班级文化的有机组成部分。教室环境如何，直接影响着学生的情绪。一个文明、整洁、优美的环境，无疑有利于学生的身心健康；相反，教室如果卫生很差、桌椅摆放不整、墙壁乱涂等，师生一节课乃至一天的心情都会不好。教室虽小，可它处处有宝，关键还要看我们如何利用。如果我们能使班级的各种物化的东西都体现班级的个性，都给学生一种高尚的文化享受和催人奋发向上的感觉，那么，教室也就如同一位沉默而有风范的老师一样，起着无声胜有声的教育作用。谢老师接班后首先下手解决班级物质文化环境问题，她善于引导学生独立自主地发现问题、解决问题，通过民主商议解决班级卫生问题，既为民主班风的形成奠定了基础，又从根本上解决了班级物质环境的创建难题。

案例 6

班级小干部民主评议会

11月19日晚，汉华中学初二年级（2）班后半期班干部民主评议班会如期举行。

二班小干部民主评议制度每半学期举行一次。本次评议和以往稍微不同的是班主任简老师要求所有班干部先行述职，时间在两分钟以内。述职内容必须包括三个方面：我做了什么？效果如何？我的努力方向。参加述职的小干部一共有38位同学，包括班主任助理、班长、科代表、室长、小组长、负责单项工作的小干部。这些干部中有的总管全局，有的单独负责班级的一项小事务，比如开关饮水机、墙上张贴、图书整理等等。

民主评议的方式为记名打分。最满意为A，较为满意为B，不太满意为C。此次评议由往常的不记名改革为记名，是因为简老师相信二班是一个团结向上的集体，所有同学都能够怀着公正的心投出自己庄严的一票，所有小干部也能怀着公平之心接受同学们的评价。

班会在热烈幽默的气氛中进行。最后公布统计结果，李同学以60个A夺冠（全班62人）。

在这次民主评议中获得40个以上A的同学有王乐等30多位干部。

本次评议有三位同学得A在20票以下。简老师将和他们谈话，帮助他们改进工作。如果期末测评还是没有改变，这些同学将成为二班的“下岗小干部”。

在本次活动结束后的第二天，付同学、黎同学、赵同学三位学生向简老师递交了申请，主动要求管理班级电视机。电视机先前由周同学管理，因为管理不善，老师“监禁”了电视机并以在全班用招标的方式呼吁对电视机的有效管理。简老师批准了这三位同学的申请并对他们寄予厚望。

（资料来源：http://blog.sina.com.cn/u/2041562123.）

【思考练习】

1. 简老师是如何管理班级的？
2. 为什么要对班干部进行民主评议？
3. 什么样的班干部会受到学生喜爱和推崇？
4. 怎样的班级是具有内在凝聚力的班级？
5. 老师是如何调动学生参与班级管理的积极性的？

【小组讨论】

你认为应如何选拔班级干部，他们对班级文化的形成起到什么样的作用？

【案例分析】

班级文化是指班级成员在班主任引导下，朝着班级目标迈进过程中所创造的物质财富和精神财富的总和。它具有无形的教育功能、激励功能、制约功能，这些功能一旦形成就会产生巨大的力量，就会加速班级的快速发展，熏陶学生并能培养学生的各种责任意识。

作为一名班主任，简老师把责任感培养融入日常班级制度建设和管理当中，让孩子们持续地在潜移默化中激发、建立责任感，从他律变为自律，并以此带动和促进学生各方面的发展，取得了良好的效果。

案例 7

座位被拍卖了

12 月 29 日下午的第三节课上，人大附中西山学校初一年级（2）班座位大拍卖活动开始。

拍卖师：张亮

助理拍卖师：李丽

拍卖货币为作为班币的初一年级（2）班“班级幸福成长基金”。班币由班上同学设计，面额和人民币基本相同。最大币值 100 元，最小币值 5 元。平时同学们依靠自己的“幸福成长”——在纪律、学习、体育、活动等方方面面的杰出表现来购买基金。本次拍卖开始之前拍卖师做了调查，班上最大的富翁持有班币 900 多枚，最少的有 200 多枚。

全班 37 个座位起价相同，都是 300 元。

有两位同学持有的班级“幸福成长基金”不足三百元，失去竞拍资格。他们只有等其他 35 个同学竞拍结束之后，再通过向老师贷款的方式选择座位。

拍卖开始了。拍卖师张亮风度翩翩且极有魄力，助手李丽细致周到。拍卖过程群情激昂但井然有序。最好的座位最高喊价喊到了 900 元。大部分同学在拍卖过程中都显示出了冷静的分析能力和理性的决断能力。只有极少的几个同学因为过于激动而喊出了超越自己经济能力的数字，导致该轮拍卖作废。因为是第一次拍卖，这些同学虽然受到了大家的批评但也得到了大家的原谅。

40 分钟后，拍卖顺利结束，同学们各就各位。班主任张老师提前就做好了安抚工作：既然是玩游戏，就要赢得起输得起。所以最后虽然几家欢喜几家愁，但同学们仍表现出了风度和气量，拍卖过程和拍卖前后没有出现任何混乱。

至于拍卖之后的换座位问题，张老师解释说“自由权”还得靠班币来买。表现越优秀，基金就越多，自由度也就越大。

座位拍卖之后，固定的小组将不复存在。班级的清洁等事务将以承包方式包出。胡明等同学已经尝试承包了班级大扫除，效果不错。

“班级幸福成长基金”的游戏还将继续深入。二班的生活其乐无穷哟！

（资料来源：http://blog.sina.com.cn/u/2041562123.）

【思考练习】

1. 你对“拍卖座位”的活动作何评价？
2. 座位编排有何艺术可言？
3. 拍卖座位的活动体现了教师怎样的班级管理理念？
4. “座位拍卖”有何弊端？
5. 座位编排如何体现民主、公平原则？

【小组讨论】

按成绩分座位的方式有哪些弊端？

【案例分析】

教室的座位安排，在教学一线一直是比较敏感又避之不及的问题。学生有意愿、家长有诉求、科任老师有想法，班主任在座位安排上往往“众口难调”。座位安排对班主任几年甚至更长时间的工作而言都是个不小的考验。有经验的班主任老师会发现，学生对座位的期待又常常暗示着学生心态的变化、交往的动态、价值观的转变，从一个侧面反映出了学生个性的发展及小团体的形成，是班主任掌握班级动态的“晴雨表”。座位编排的艺术，能够非常充分地体现班主任的管理理念和文化内涵。

传统的座位编排是由上而下的教师命令式的。这固然减少了很多麻烦，但也封闭了一个非常灵动的教育空间，失掉了一个促进学生综合发展的机会。所以，向传统挑战，张老师的做法是“你的位置你做主”，给学生相当的自主权，让学生意识到：“座位”既是自己的权利，也是自己的义务；既是自己的福利，更是自己的责任担当。

座位的安排不是一成不变的，它需要老师敏锐地关注学生各方面的状态，开放式地对待座位问题，让它因地制宜地合理变化，实现教育环境的优化。

案例 8

如何“教训”学生

南关中学初二年级（2）班有个学生叫王强。这个孩子是班上“学霸”级的学生，每次考试都名列前茅，从学习来看，优秀极了，厉害极了，但个性上还有些问题，最突出的特点就是焦虑。这个小家伙，几乎时时处于焦虑，总是皱着眉头，一脸苦相，经常都在抱怨，好像生活中处处都有挣扎，都有苦难。老师一问，也没有什么事儿，他只是习惯性地焦虑。

期中考试后，这孩子觉得英语老师多扣了他一分。于是他不依不饶，不断找英语老师，找班主任张老师上诉。老师们给他做了说明，谈了扣分的理由，可他还是不服气。从周四闹到周五，周末也不消停，不断给老师发微信，要求把这一分加上去，一直闹到周一返校，还未停止。开始，张老师觉得孩子重视学习成绩可以理解，便不断做解释，希望他相信体谅老师。可这孩子走火入魔了，听不进去。先是在办公室闹，然后又跑回教室嚎啕大哭。那阵势，不要回这一分绝不善罢甘休。

张老师看王强闹得不像话了，在办公室琢磨了一下，整理了情绪，便到了教室。然后张老师开始“骂人”。当着全班同学的面，狠狠地斥责这孩子不懂事，总之，毫不留情地指出他的荒唐。张老师说：“你再这样闹，英语成绩就零分。”这家伙也很激动，说：“零分就零分，这分数我不要了。”张老师没有被吓着，一边“教训”，一边冷静地看他砸卷子，捶桌子。

张老师心里有底儿：这家伙，出不了大事儿，让他发泄一下，彻底暴露出来，对这个孩子，也许终生有利。

结果，一节课后是课间操时间。张老师去看操，偷偷观察王强，发现他已经基本平静下来了，没有刚才的狂躁了。

后来为了调理这个孩子，张老师想出了很多办法。基本思路是以班级的阳光思维方式为抓手，重点改变他的思维模式，重建他的心智结构，让他理解：分数重要，做人更重要。恩威并施，用一件件小事帮助他建立人际自信，战胜内心的狭隘，在性格上走向成熟。

（资料来源：http://blog.sina.com.cn/u/2041562123.）

【思考练习】

1. 案例中所说的“教训”学生是讽刺和挖苦学生吗?
2. 为什么老师要如此狠狠地“教训”一位学习成绩不错的学生?
3. 怎样的班级文化有助于每一个成员身心健康发展?
4. 良好的班级文化对于学生人格养成有着怎样的作用?
5. 有的老师偏爱学习成绩好的同学，这样做有什么弊端?

【小组讨论】

在临近大考之时，班级墙上、黑板上到处张贴了类似“哪怕头破血流，也要进一本大楼”“只要学不死，就往死里学”“今生只为高考狂，冲进重点孝爹娘”这样的口号标语。谈谈这种口号透露出怎样的教育观、成功观和怎样的文化内涵。

【案例分析】

类似本案中的孩子，在现实生活中有很多。这也是应试教育体制所衍生出的一些弊端。在教学和班级管理中，这种以应试和排名为教育核心内容的体制可以用最快的速度击毁不太善于应对考试孩子的学习自信心，觉得生活无趣，甚至讨厌课堂，厌恶学习。就是那些学习成绩很优秀的孩子，也可能被应试教育透露出的虚妄的成功观打击得心理扭曲，感受不到学习和生活的美好。当一个学校，一个班级时时刻刻盯着排名榜，一个学生也会时时刻刻盯着成绩看，时间长了，很容易使学生价值观单一，思想狭隘。输不起，放不下，总是自己惶恐，警惕别人，害怕被超越，害怕失掉排名的优势。一名专业教师应该懂得教育一个孩子成长为一个有抗压性、有自我意识、有态度、有人格魅力的生命个体比分数更重要。对于一个班级来说，分数重要，阳光的班风更重要。张老师针对个别问题个别对待，体现班级文化育人功能，为把学生真正培养成头脑开放、视野宽阔、胸襟博大、心态平衡、志向高远的新一代做足了工作，下狠了功夫。

案例 9

第一次亮相

第一次与学生见面时，我精心地布置了教室。在教室的前面和后面摆放一些绿色的植物，让教室充满绿色，充满青春的气息。在前黑板上写好了根据学生身高排的座次表，后黑板上写上“欢迎加入0907温馨家园！”字样，并用粉色气球拼成了心形图案。在教室的左右两面墙贴上四句蓝底白字的名言，营造班级书卷气，如：“胸藏文墨怀若谷，腹有诗书气自华”“学而不思则罔，思而不学则怠”。在前后门上，都适当装饰一些气球和彩带。当学生一进教室，看到自己的班级格外漂亮，会感觉到一种家的温馨；当学生看到自己的名字被老师工整地写在黑板上并对号入座时，会立即有一种被这个班级接纳的归属感；当学生认真阅读墙壁四周的名言时，渴望成为优秀的信心也会大大增强。我是语文老师，所以在介绍自己的时候用到了自己写的一首藏头诗：“黄云荡四方，丽日普晴川。才向峰头立，情已满山冈。”诗里面藏了我的名字，并蕴含了我对学生们的祝福，学生觉得很新奇而且心生佩服。

（资料来源：http://blog.sina.com.cn/s/blog_145f16b560102vqsf.html.）

【思考练习】

1. 这位老师为了第一次亮相，都做了哪些工作？
2. 这些工作的目的是为了营造一种怎样的文化环境？
3. 教师怎样才能做一个班级文化的核心领导者？
4. 怎样的班级文化会带给班级成员自信的心理状态？
5. 面对学生，你能想出介绍自己的独特方式吗？

【小组讨论】

如果你要新接一个班，如何设计自己有“文化”感的“第一次亮相”？

【案例分析】

教室是一个班级的载体，教室环境是班级形象的标志之一。教育家苏霍姆林斯基说：“无论是种植花草树木，还是悬挂图片标语，或是利用墙报，我们都将从审美的高度深入规划，以便挖掘其潜移默化的育人功能，并最终连学校的墙壁也在说话。”班主任是一个班级的开创者，班级文化建设的核心，也是一个班级的向心力所在。班主任老师第一次的亮相，是走入全体学生内心的一次契机。孩子们往往先喜欢上班主任而接纳这个班并融入这个班。因此，班主任的第一次亮相显得尤为重要。班主任要让自己第一次就给学生留下深刻而美好的印象，在做自我介绍时要富有新意，有文化内涵，用自己的人格魅力去赢得学生的喜爱。

案例10

“承诺书”带来的变化

在永安中学初一年级（3）班，从12：15到下午2：30，下午4：55到晚上6：30都是学生的自由支配时间。这两个时间段教室非常吵闹，使得希望学习的学生意见很大。教育屡次受挫之后，班主任王老师总结教训，设计了以“让我们的教室静悄悄”为目标的“教室安静工程”系列主题活动。

活动主要分为舆论宣传阶段和具体实施阶段。核心做法是和每一个孩子签订中午和下午纪律承诺书，明确教室的学习功能，阻止了教室非正常“娱乐功能”的恶性发展。

“教室安静工程”纪律承诺书

（1）如果自己计划要到教室学习，请最迟在中午1：20以前和下午5:40以前进教室。否则，请在中午2:20和下午6:20再进教室。中午1:20到2:20，下午5:40到6:20教室进入自习课状态，不得以任何理由离开座位、讨论、发出声音，进出教室。不进教室的同学可以选择在阅览室和寝室学习、休息。

（2）中午1:30，教室将关门开始进行经典音乐欣赏。请同学们配合。

（3）班干部点名批评两次以上，或者在班级纪律信任投票中得到不信任票超过三分之一的同学，罚教室外自习一周并且只有通过全班投票半数通过之后才能回到教室自习。

没有面目狰狞的纪律条款的威胁，教室喧闹的老大难问题却得到了比较彻底的解决，而且班级的这个好习惯一直坚持到初三毕业。

（资料来源：http://blog.sina.com.cn/u/2041562123.）

【思考练习】

1. 老师为什么要学生签订纪律承诺书？
2. 这份纪律承诺书有什么特点和优点？
3. 为什么屡次教育都没有明显效果的纪律问题最终得到了解决？
4. 惩罚教育方式的运用应注意哪些问题？
5. 如果你是班级一员，你心中会抵制这份承诺书吗？为什么？

【小组讨论】

谈谈你对民主型班级的理解。

【案例分析】

俗话说：没有规矩，不成方圆。一个良好的班集体除了依靠学生自觉，还需要一些必要的管理制度，最大限度地克服学生行为的随意性。案例中“承诺书”是在宣传教育之后大家认识一致的基础上共同做出的具体措施，它既是对其他人行为的约束，也是对自己意愿的保障。承诺书条文简单明了、实际可行，既具有可操作性又透露着人文关怀。它以契约的形式把全体同学心中的规则意识外化为具体条文，保障行为的一致性与连贯性，具有较强的提示意义和执行意义。在必要和适当的条件下，“契约”能够最大程度地保证自由的空间，让学生理解界限与尊重的意义，只有大家都遵守契约，才能达到利益的最大化实现。如何看待案例中提到的违反“承诺书”后的惩罚措施？在教育教学中惩罚措施可以运用，但要注意惩罚合理有度，因人而异，并与其他手段综合运用，切实可行，以能够达到教育效果为目标。王老师班级公约的制定切合学生实际，尊重学生意见，奖惩合理，真正发挥其正面教育的效应，成为全班午间共同遵守的学生活动行动指南。

案例 11

教育是培养高贵的人

王君兰老师在人大附中西山学校初一年级（2）班开展了品行养成教育活动。她的教育目标是：通过努力营造一种独特的班级文化，形成一种美丽的生命形态——文雅、优美、和谐、温柔、细腻、友爱。于是，她坚持倡导：

二班的孩子，一定不能在公共场合跷二郎腿。

二班的孩子，要学会安静地倾听、沉稳地表达。

二班的孩子，要学会任何时候保持自己桌面和桌洞的清洁。

二班的孩子，大扫除的时候要彻底清扫每一个死角哪怕那是学校卫生检查都不检查的地方。

二班的孩子，离开座位的时候要有习惯把凳子推回去。

二班的孩子，离开教室去操场锻炼经过走廊时要轻手轻脚不能打扰别班。

二班的孩子，开大会时要最后一个起立最后一个离开让兄弟班级先走。

二班的孩子，必需坚持锻炼。

二班的孩子，男生要礼让女生。

二班的孩子，女生要尊重男生。

二班的孩子，不可以互相指责而要互相包容欣赏。

二班的孩子，在任何时候都要彬彬有礼。

……

坚定、坚持、坚守！在小小的细节中去播种，在一言一行的调教中去熏陶。于是，一天一天，一周一周，一月一月，养成美好习惯的过程成为了开启心灵的过程。辛苦而不“心”苦，孩子们在二班成长了！

（资料来源：http://blog.sina.com.cn/u/2041562123.）

【思考练习】

1. 案例中透露出班主任追寻的是一种怎样的班级文化？
2. 本案例中老师是从何种诉求中考虑这种文化的必要性的？
3. 这样的班级文化对学生个人成长有什么作用？
4. 你觉得班级文化制度层与班级文化价值层之间是怎样的关系？
5. 你认为做一个高贵的人还需要具备哪些品质？

【小组讨论】

马云说：“中国的教育发展到今天，‘教’的水平已经远远超出了许多国家的水平，居于世界领先地位，但是‘育’的水平还与教育发达国家差得很远。”你怎么看待和理解这句话？

【案例分析】

当今社会甚至教育领域充斥着一种“伪成功学”：考上好的大学就是成功；挣钱多就是成功；有一份“吃皇粮”的工作就是成功。成功成了一件“鲤鱼跳龙门”的事情，甚至成功似乎是一劳永逸。提倡学习并不可怕，可怕的是我们的下一代被这些“虚妄”的“成功学”所洗脑。其实“成功”是个动态的过程，真正的成功将取决于一个人对自我的认可度和幸福度以及价值体现度。而这种成功往往是一个人文化修养、综合素质的积淀。成功最终取决于一个人对“自我”的接纳度和生活方式。案例中的班主任是一个有教育理想的人，她敢于在教育中追求精神诉求，试图培养会关心人、体贴人、有文明、有教养的人，她让孩子们从学会关爱、增强责任感，有礼貌、有包容心还有健康的生活方式开始人格养成教育。她是一个真正思考教育的人。一个好的老师是为了孩子将来一生考量的引路人，为了孩子们的将来，老师从细节入手，为培养出一个与众不同、魅力四射的班级而努力着，为一个班级的文化风貌而建设着，她的想法值得每一位教育同行去借鉴。

案例 12

自己的问题自己解决

霞光小学四年级（1）班的男孩儿总爱课间在校园人行道上踢球，可教学楼旁边就是车库，学生们在这里踢球有很多安全隐患。按道理说，课间踢球就该禁止，一条班规就可以禁止了，似乎很简单。但是班主任王岚老师并没有这样做。

这群孩子这么玩球，问题也随之越来越多，迟到、矛盾、摩擦等状况不断出现。于是，王老师在全班，也在全班家长微信群中开始征集“关于课间如何玩最安全、最文明、最绿色的‘金点子’，希望大家提出建议。

后来有一次，孩子们去学校国际部踢球，和那边的老师发生了冲突。他们的球被一位外国老师没收了。学生们很沮丧，很生气，到王老师这儿来求助。语文课前演讲的时候，王老师号召大家用班级的阳光思维方式来面对这个问题。王老师努力循循善诱，告诉孩子们：“不要用抱怨和指责的态度来面对问题，而是永远要用解决问题的态度来面对问题。老师提出两个建议：一是沟通。弄清楚国际部的老师为什么这么反感同学们去他们的操场踢球，然后才能应对。二是谈判。只要你们弄清事情的原委，就可以调整自己的行为，寻找突破口。请求、上诉，这些办法只要合法，都是可以尝试的。老师希望你们自己解决这个问题。”

孩子们后来自己解决了问题。因课间踢球引发的问题也没有再发生过。

（资料来源：认真管理不严格 .http://blog.sina.com.cn/u/2041562123.）

【思考练习】

1. 老师为什么没有明令禁止课间踢球？
2. 你能否描述一下踢球同学的心理活动发展过程？
3. 学生闯了祸，老师为什么还要帮助学生出点子？
4. “班级问题班级自己解决”为我们提供了一种怎样的班级管理思路？
5. 结合本案例，谈谈如何与学生建立良好平等的师生关系。

【小组讨论】

清华附中校长说：“我认为好的教育就是好的关系。好的家庭教育就是好的亲子关系，好的学校教育就是好的师生关系。”你怎么看这句话？一个班级如果人与人之间都有好的关系，这是一个怎样的班级？

【案例分析】

“不了解学生，你就无法教育好学生，为学生终身发展奠基就成了一句空话。”这是中国十大杰出教师典孟凯多次强调的一句话。案例中的班主任之所以能“根治顽疾”，就是因为她把握住了学生“厌恶管教”的逆反心理。如果学生真的把老师当作朋友去沟通和交流问题，事情的解决就好办了许多。要想成为学生的朋友，建立真正平等、民主、公平的师生关系，老师必须起到表率作用，不能搞“一言堂”“短平快”的教育方式，而是从平等协商和互帮互助的角度切入，从心理上建立彼此共同交流的渠道，从根本上解决好班级事务。案例中王老师让学生自己解决问题的办法充分体现了班级管理民主化、学生管理自主化的班风。

案例 13

永远不闭馆的“图书馆”

经典阅读制度一直是曙光中学初二年级（1）班的班级核心制度，而这个班也有着很多关于班级图书馆的动人故事。建设班级图书馆，是班主任王老师打造班级“优质生活”的重要举措，是她要完成的第一个“大工程”。

通过建设班级图书馆来建设“书香班级”，乃是教育环境建设的关键一步。现在，每个走进一班教室的人，都会对整整齐齐排列在三个巨大书架上的八百多本精品图书赞不绝口。这八百多本图书来之不易，从最初的寥寥几本到现在的洋洋大观，种类齐全，班级图书馆的建设是一个筚路蓝缕的过程。历经学生、家长和老师们长期、共同的努力，班级图书馆终于初具规模。

班级图书馆的建设推动着班级经典阅读制度的深化。作为语文教师，结合学科优势，王老师不断地创新着班级生活的内容，力求让每一个“班级日子”都青春洋溢。

以前，一到重要考试，班级图书馆是要“闭馆”的。这个期末，王老师的想法改变了。这个期末，图书借阅照常运行。

这个期末，不闭馆的班级图书馆展示着一种信念和信心。一班的班级图书馆永远不闭馆!

（资料来源：http://blog.sina.com.cn/u/2041562123.）

【思考练习】

1. 为什么班主任在困难重重之下坚持创建班级图书馆?
2. “图书馆阅读制度”在营造班级文化环境中发挥什么样的作用?
3. 为什么说“不闭馆的班级图书馆展示着一种信念和信心”?
4. 阅读会不会影响学生的学习成绩?
5. 你认为班级文化的核心是什么?

【小组讨论】

如果你是班主任，是否主张建立班级图书馆，如何建立？请制定方案和实施策略。

【案例分析】

“一个热爱阅读的民族是永远值得仰视的民族，一个热爱阅读的人是永远不可小觑的人。”阅读带给一个人的财富是不可估量的。在成长的道路上有好书陪伴，永远不会寂寞和孤单。教师们应该都明白阅读在学生精神层面的意义。遗憾的是，很多老师为了迎合功利浮躁的教育环境，不得不把大量的时间用在了考试和题海训练上，用“单薄”的分数计算教育成果；学生也失去了多姿多彩、自由探寻的成长机会。其实，智慧的教育不会只盯着受教育者本身，而是想办法营造良好成长的教育环境。有优秀的班级才会出现优秀的孩子，有了“肥沃”的精神土壤才会产出促进学生成长的巨大能量。班级图书馆“不闭馆”体现出一种自信：文化永远不会输给分数。班级图书馆“不闭馆”体现出一种信念：健康成长永远超越任何形式的考验。相信有文化的班级必然体现出蕙质兰心、饱满富足的成长状态。

案例 14

治标还是治本

永安小学四年级（2）班的班主任刘老师，细细观察了这班学生近两周的表现，发现两个最严重的问题：一是乱八卦；二是乱接话茬。同学一发言，有几个学生就在下边乱评论，班上即刻呈现混乱状态。这几个起哄的孩子有一个共同点：专门听人家语言中的错漏（当然是他们标准中的错漏）。只要捕捉到，绝对第一时间指出来，第一时间表示嘲笑，第一时间要去“纠正”，第一时间还要别人也知道他们的“知道”……这下好了，他们就这样轻易地把课堂给搅乱了。

一个有追求有想法的老师，针对问题不会停留在“治标”上，他一定会选择“治本”。

如何治本？刘老师从两方面入手：一从个体入手，二从集体入手。最先开动脑筋做的就是如何在班级形成“正能量阳光思维文化”。

当然，这不是一天形成的，需要很多的教育活动相配套，更需要班主任寻找甚至创造许多教育契机，不露痕迹地进行渗透和感染。在“班级管理 PPT”上，留下了很多刘老师和学生进行对话的“痕迹”。

（1）什么是能耐？在第一时间挑出别人的“错误”并且还要迫不及待指出“错误”不是能耐，是冒失，是莽撞。能在第一时间发现别人的优点并且知道选择最好的时间、地点、方式表达出来才是很大很大的能耐，是智慧，是胸怀，是成熟。在为人处世上，开口不是能耐，闭嘴才是能耐。在一个集体中，指责不是能耐，给力才是能耐。

（2）班级最美笑容评选：总是笑着，说明你幸福、愉悦、宁静、快乐；总是笑着，说明你大肚能容难容之事；总是笑着，说明你内心强大目标坚定；总是笑着，说明你珍爱生命热爱他人……

（3）每一张幻灯片的背后都一定有一个动人的班级故事。刘老师抓住契机，制造故事，传递正确的思维方式，日子长了，班级的“正能量阳光思维文化”就慢慢形成了。每一个孩子或多或少都会受到这样的思维方式的影响。

“挑刺”问题解决了，“接话茬”的根儿就被拔掉了，课堂纪律就朝着好的方向变化。

（资料来源：http://blog.sina.com.cn/u/2041562123.）

【思考练习】

1. 为什么说“一个有追求有想法的老师，不会停留在‘治标’上，他一定会选择‘治本’”？

2. 何为治班之本？为什么？

3. 案例中班主任老师对待班级“挑刺”现象的处理有何独到之处？

4. 本案反映出班级文化建设与课堂教学之间有什么关系？

5. 为什么说班级文化不是一天形成的？

【小组讨论】

班级文化建设的形式和方法有哪些？请你设计一个治疗班级“八卦”现象的文化活动。

【案例分析】

没有诊断，就没有帮助，没有帮助就谈不上教育。教育绝不仅仅是立规矩，提要求。立规矩和提要求任何人都会，不需要什么专业技能人才。但很遗憾的是，我们在管理班级的时候，往往到处、时时都充斥着立规矩和提要求，甚至，只有立规矩和提要求。我们误以为，规矩立好了，要求提到位了，学生就该乖了，问题就该解决了。事实上，这只是治标不治本。改变个人很难，但让一个集体来影响个人，很多时候效果往往会好一些。案例中刘老师从班级文化入手，创建良好的班级价值观和核心文化，从根本上解决了班级管理的棘手问题。

案例 15

“法不容情”还是“法要容情”

案例一：2015年初夏，王老师所带的班级多数学生因考前熬夜生物钟彻底紊乱，他们白天上课时昏昏沉沉。为了调整学生紊乱的生物钟，全班同学一起民主讨论，重新制定了班规，其中有一条是：同学们相互监督不准睡觉，有一个同学在课堂上睡觉，课外活动时全班同学都将被罚跑步。但是没过几天，有少数同学钻班规的空子——他们故意上课睡觉，好惩罚全班同学。

王老师明白了全班受罚原委，当机立断不按照班规惩罚别的同学，而仅仅惩罚几个钻班规空子的同学。但这样一来，王老师这个班主任就违反了班规，只得又按规定接受班规的惩罚，下午课外活动王老师自己沿着操场跑十圈……

案例二：另一个故事发生在上个学期期末，主人公是校长。

期末考试之后，李明同学（年级最淘气、最顽劣的孩子之一）找到他的语文老师，要求作文加分。原因是他的期末考试作文分数比期中考试还低。而他觉得自己后半学期学习很努力，作文字数也比期中多，可是分数反而比期中还低，这很不公平。

李明的要求有点无理取闹。年级都是密封流水阅卷，两次改作文的老师都不同，怎能比较？而且分数已经入册，怎么可能修改？但孩子不依不饶。于是官司从他的语文老师打到备课组长，又打到教研组长这里，最后又闹到学生处主任那儿，主任也很为难。最后孩子干脆就闯进了校长办公室。校长跟孩子谈了一会儿，居然拍板说：“好，就给他酬情加分吧。另外给他备案一个分数。”孩子流着泪高高兴兴地走了。

老师们都觉得校长的做法也太随意了，很是不理解。后来校长解释说：“这个孩子只是想为自己的努力要一个证明，我们不要只看到他的无理，更要看到他的改变和想要改变的决心。备注一个分数对我们来说不是件难事，难的是我们让一个学生想要改变。”

（资料来源：http://blog.sina.com.cn/u/2041562123.）

【思考练习】

1. 案例一中王老师制定的班规有什么问题吗？为什么？
2. 好的与不好的班规之间最大的区别是什么？
3. 你怎么看王老师绕操场跑圈的行为？
4. 你如何评价校长带头“破坏制度”的行为？
5. 什么是艺术化的“法制”？

【小组讨论】

在班级制度建设中，如何实现“人性化法制”？

【案例分析】

在哲学领域，“道德”和“法律”是一对矛盾体。二者各自有着独特的内涵却又你中有我，我中有你。当我们谈到清规、法条、戒律的时候，不要忽视道德的可贵。因为如果没有内心的道德法则和人文关怀，一切律法都是冰冷而外在的。教育是人类最大的道德，因为它将实现对人的大善——那就是引领一个人通往自由之路。我们提到的教育过程中的法条往往是指班规、校规等。而这些所谓的“法制”应体现出自由性、创造性和选择性。没有了这些内核，“法制”将是不道德的。这就提醒我们：在学生的养成教育中，要让“选择”渗透其中，要“艺术化”地进行“法治”。

首先，“法制”意识很重要。在班规面前，人人平等，老师也不例外。其次，中学教育的“法制”需要艺术的支撑与辅助。这个阶段的孩子毕竟是在人格的形成和发展中，“法制化”的管理更应趋向于一种“德”与“法”的渗透和融合，其实施的过程呈现应该是润物无声，无迹可寻的。教师在“立法”和“执法”时既要维护法的威严又必须严格把握好度，否则就可能产生诸多负面效应。长期以来，学校和班级注重唤醒和培养学生的公民意识，主张“民主”治班与“法制”治班，但与此同时，我们更要做的事情是唤醒学生的“人”的意识，让他们在文化的熏陶下体味人性的回归和释放，自然而然地选择亲近真、善、美的东西。只有当学生真切地感受到遵守纪律的美好和破坏纪律的丑陋时，当他们心灵深处追求内在宁静和祥和时，当人性之美的种子在心中萌发和生长时，教育就可以达到“无为而治”了。道德教育、人性教育是比“法制”教育更高层次的教育。

第七章
班级突发事件管理

没有爱，就没有教育。

——苏霍姆林斯基

案例 1

巧妙运用故事化解突发事件

2015 年，我担任五年级（3）班的班主任工作。一天下午上课铃响起，同学们陆续走进教室，我也找出教具，准备上课。可我刚一转身，就听见班里有人叫喊着，回头一看，最后面前后桌的两个男生你打我一拳，我踢你一脚，双手死死地揪住对方的领口，面红耳赤，气喘吁吁的。

同学们也是愣了半天才缓过神来。是呀，这胆子也太大了，居然敢在课堂上打架。我的火“嗖”的一下就撺上来了，大喝一声：“松手！”说话时我也大步跑到了他俩面前。他俩松开了手，可是眼神却敌视着对方，充满了怒火，两人中一向老实的卢江鹏眼里噙满了泪水。

站在他俩面前，看着他俩不服气的眼神，我快速思索着应该怎么处理这件事。全班同学也都在屏气看着，教室里异常肃静。我对自己说要冷静，冷静。他们俩连站着的姿势都没有一点改变，还在对视着。我明白了，我需要冷静，他们也需要。我柔声地对他俩说：“你俩先坐下冷静5分钟好吗？”我把他俩按在他们各自的座位上，把他们刚才弄掉的书本、弄翻的文具盒从地上捡起来，然后走回了讲台，告诉同学们先预习今天要学的知识。5分钟后，他俩的脸色正常了，呼吸也均匀了，只是卢江鹏仍在不断地流泪。我把他俩叫到前面，询问事情的缘由。“老师，刚才高寒下课骂我，我没招他，也没惹他啊！”老实的卢江鹏特别委屈，低着头一边哭一边说。高寒此时也低下了头，马上就承认了错误：“老师，是我不对，我不该骂他，我错了。”“他不是第一次骂我了，这两周他总是骂我，刚才进班还骂我呢，同学们都听见了，我回了他一句他就打我，看我老实就欺负我。”卢江鹏说完已经是泣不成声了。高寒马上说：“老师，我骂人错了，打架也错了。”嘴上这么说，脸上却是一副错了就改、改了再错满不在乎的神情，这是他的一贯作风。

我看着哭得伤心的卢江鹏和已经口头上承认错误的高寒，忽然想起一个故事，但只记得故事的梗概，就对大家说：“老师先给大家讲个故事吧，想听的同学坐好。”大家很奇怪，老师不处理眼前的事咋还讲起了故事呢？于是都坐好了想听个究竟。我讲了这个故事：

一位旅人在途中遇到了一个路人，于是二人结伴而行。但同路人好像有些看不起这位旅人，一路上总是用语言侮辱旅人，一而再，再而三，旅人每次都不予理睬，只付之淡淡一笑。有一天，同路人说了好多侮辱和伤害人的话，旅人却依旧没有生气，淡淡一笑后，他问路人一个问题：“如果有个人送给别人一件礼物，而那个人没有收，那么，这礼物归谁所有呢？”同路人毫不犹豫地回答：“那当然归那个送礼物的人啊。”旅人淡淡一笑走了。

我讲完了这个故事，班里一下沸腾了，大家争着举手发表自己的意见，讨论得异常热烈。高寒此时已经把头低得快贴到胸口了，卢江鹏也破涕为笑了。我什么也没有说，笑盈盈地看着高寒主动向卢江鹏道了歉，还深深地鞠了一躬。当高寒再次跟我承认错误的时候，态度已是很诚恳了。

没想到，一个小故事的作用竟然这样大。

（资料来源：班级突发事件案例分析《我的教育故事》.http:// kanhuiying.blog.163.com/blog/static/1697805262011213358733/.）

【思考练习】

1. 什么是班级突发事件，班级常见突发事件有哪些？
2. 本案例属于哪种类型的突发事件？
3. 结合案例，分析教师掌握处理班级突发事件艺术的重要性。
4. 谈谈故事在本案例中的作用。
5. 试着分析案例中教师的成功之处。

【小组讨论】

如果你遇到本案例中的情况，还会用什么好方法来处理呢？

【案例分析】

教师在处理突发事件时选择的方法非常重要。当问题发生后，学生通常都较为激动，不能深入思考，教师若此时以硬碰硬一味压制，容易适得其反。因此，教师要保持冷静的头脑，学会把握合适的时机，讲求方式方法，谨慎处理，将事态的发展逐步引入自己能掌握的范围内。

案例 2

教师的偏见

古风小学二年级（3）班的学生正在上数学课的时候，张佳同学举手向老师汇报："王老师，王超用粉笔砸我！"坐在张佳身后的王超是一个小调皮，学习成绩一般，就是比较争强好胜，好狡辩，喜欢在课堂上做一些小动作。听到张佳的汇报，王老师还没有说话，王超就大声狡辩起来："我没有砸！是刘一博干的。"王老师认为刘一博是一个平常表现较好的男同学，于是说道："你做了错事还不承认，还像不像一个男子汉呀！"这句话引来了其他同学的讥笑。王超非常气愤，他气呼呼地看看刘一博又愤愤不平地看看老师，说了句："有些人才不像男子汉呢！"课后王老师很快了解到，今天确实不是王超惹事去砸人家的，扔粉笔的人是刘一博。由于前面说的一番话，王老师陷入了尴尬的境地，也使她和王超之间产生了一丝不愉快。

（资料来源：汤泽华.课堂突发事件处理.http:// www.jxteacher.com/361127004001110024/column29829/a8420315-d4fd-4330-aa62-b0968c649b76.html.）

【思考练习】

1. 本案例中，教师在处理这个突发事件时有哪些教育失当行为？
2. 教师的这种处理方式会带来什么样的后果？
3. 你认为王老师事后会如何处理尴尬后的不愉快？
4. 如果你是王老师，你会如何处理这一突发事件？
5. 要成为一名优秀的班级管理者，需要具备什么条件？

【小组讨论】

谈谈课堂上遇到此类小小的突发事件的处理策略。

【案例分析】

案例中的教师面对突发事件时，心态上还不够冷静，容易偏听偏信，对于“问题学生”存有偏见，习惯用自己的思维定式去分析问题，去批评心中认定的“问题学生”，导致教育行为失当。

当两个学生闹矛盾，而教师又没有亲眼看到真实情况时，教师最好不要立即下结论，而是采用“冷处理”的方式，课后再来处理，防止问题进一步扩大。此外，教师不能用有色眼镜去看待学生，语言更不能失控，不要用语言去训斥学生，也不要用语言去恐吓学生，更不要用语言去挖苦、讽刺学生，应该公平、公正地对待每一位学生，尽量从保护学生的自尊心出发，妥善处理突发事件。

案例 3

即兴发挥，机智幽默

记得初一的时候，我们班的同学们在上语文课。课堂气氛比较沉闷，很多同学心不在焉。王菲菲听歌被老师发现了，我们都为她捏一把汗，怕老师不会放过她。然而，杨老师只是静默了几秒钟，然后笑着对王菲菲同学说："作为惩罚，请你为全班同学唱一首歌吧！"王菲菲错愕了一会儿，就唱了起来，同学们的睡意顿时消失了。一曲完毕，接着上课，大家精神十足。

【思考练习】

1. 在日常教学中，教师应如何避免学生上课走神？
2. 在本案例中，杨老师是通过什么方法处理课上听歌这一突发事件的？这样做有什么好处？
3. 如果杨老师严厉地批评听歌的学生，会有什么样的后果？
4. 请对本案例中教师的做法进行简单的评价。
5. 处理班级突发事件的原则有哪些？本案例中教师遵循了哪些原则？

【小组讨论】

你曾经遇到过类似的事件吗？说说你的老师是怎样处理的。

【案例分析】

干扰课堂的突发事件既有不利于正常教学的一面，也有有利于正常教学的一面。案例突发事件经过教师及时、巧妙、灵活的处理，就能使其对教学起到烘托、补充和增效的作用。本案例中的教师面对干扰课堂的突发事件，发挥自己的“教学机智”，很好地把学生的注意力转移到课堂上来，既化解了课堂上的凝重气氛，完成了教学任务，又消除了王菲菲同学的尴尬与不安。

案例 4

沉着冷静，以静制动

正在上计算机课时，张明不小心把电源插座碰掉了。教师发现后，及时把电源插座插上，然后指导学生重新开启计算机。非正常关闭的计算机打开时程序复杂一些，这时教师说："张明同学碰掉插座，说明他比较粗心。不过，我们可以借此机会学习在非正常关闭的情况下怎样打开计算机。"

（资料来源：魏伯河．课堂突发事件处理例谈.http://www.ruiwen.com/news/6046.htm.）

【思考练习】

1. 你认为本案例中教师处理突发事件的方法得当吗？为什么？
2. 本案例中，教师采用了哪些策略？
3. 谈谈本案例中教师处理突发事件的艺术。
4. 当课堂上出现突发事件时，教师应如何妥善处理呢？
5. 教师面对突发事件应具备什么样的心态？

【小组讨论】

结合自己的亲身体验,谈谈教师在处理突发事件时因势利导的重要性。

【案例分析】

教师在课堂上经常会遇到一些突发性事件，如果处理不当，这节课的教学效果将大打折扣。而巧妙得当的处理，不但可以引导学生继续听课，不影响教学进程，而且会让学生对老师心生敬意。案例中，教师的反应平静、自然，对处理突发事件能够做出灵活反应，因势利导，使意外事故发生的副作用大大降低。这样既避免了对学生的批评，又让学生学到了新知识。

案例 5

特别的“访客”

师大附小二年级（3）班的教室里，同学们在上语文课。童老师讲得津津乐道。突然，一只小麻雀飞来，肆无忌惮地站在窗台上叽叽喳喳地叫个不休。同学们都用好奇的目光看着它，甚至有的同学按捺不住，想跑去捉它。此时，童老师便转换了话题，讲了段小插曲：“有这样一幅对联，谁先对出来，单元考试多加5分。”同学们一听马上回过神来，显得热情洋溢。童老师接着说：“上联是‘一只麻雀鸣窗台’。”同学们深思后，有人对出“一行白鹭上青天”，也有人对出“满室学生看窗外”……“还有更好的对法，这就留给同学们下课后去思考，现在言归正传……”

（资料来源：2014年11月教师资格《小学教育教学知识与能力》精选考题预测.http://www.233.com/teacher/xzsnl/20141017/115841616-3.html.）

【思考练习】

1. 谈谈在课堂中如何将干扰因素转化为有利因素。
2. 教师在本案例中应用了哪些应变策略？
3. 这种处理方式的优点有哪些？
4. 你曾经遇到过类似的事件吗？你的老师是怎样处理的？
5. 引起突发事件发生的环境因素有哪些？

【小组讨论】

如果你是老师，当遇到了这个问题，会怎样处理？

【案例分析】

联系法，就是利用所学的知识与“突发事件”相联系，达到运用知识、巩固知识为目的的引导方法。本案例中，童老师并没有板着面孔批评学生，而是将“麻雀鸣”和杜甫的《绝句》联系起来，再结合对联知识，巧妙地将课堂干扰因素转化为有利因素。

案例 6

引用化解尴尬

一个下雨天，滏阳中学初二年级（1）班教室的地板被踩湿了，很滑。裴老师上课时，脚底一滑，险些摔在地上。此时，同学们哄堂大笑。但裴老师站稳后说道："醉卧沙场君莫笑，古来征战几人回。"同学们一听，顿时安静下来。在后来的中考试题里，就遇到这句名句填空，同学们后来告诉裴老师："我们都答对了，就因您摔的那一跤……"

（资料来源：聂选强.如何处理课堂教学中的"突发事件". http://www.fyeedu.net/info/56427-1.htm.）

【思考练习】

1. 突发事件的形成原因有哪些？
2. 本案例中，教师采用了哪些策略？效果如何？
3. 谈谈本案例中教师处理突发事件的艺术。
4. 教师化解尴尬局面的方法还有哪些？
5. 教师应如何妥善处理此类突发事件？

【小组讨论】

你还遇到过哪些尴尬的情景？教师处理的方法得当吗？

【案例分析】

本案例中的裴老师在课堂上突遇令自己尴尬的情景之时，恰当地引用了一句与这一尴尬事件相关的名言警句——“醉卧沙场君莫笑，古来征战几人回”。这不但使自己不感到尴尬，反而使学生在这种情景中学到了知识，同时加深了学生对所学知识的印象。

此外，裴老师险些在教室里滑倒这一事件，反映了该班的安全防范工作没有做到位。下雨容易导致教室地板湿滑，班主任应安排值日生及时把地板擦干，防止师生滑倒摔伤，造成人身伤害。因此，防范突发事件也是班主任不可忽视的重点工作之一。

案例 7

意外受伤后

阳光小学五年级（2）班的同学们在上体育课。李老师根据教学计划，安排今天课堂的主要内容是给学生进行立定跳远和掷实心球测试。李老师在指导男女学生一起完成准备动作后，给同学们讲了安全注意事项。随后，李老师将男女学生分开，安排男同学先练习掷实心球，自己则带女同学进行立定跳远测试。当小刚将实心球掷出后跑过去捡球时，小亮已将实心球掷出，球恰好砸在捡起球正欲起身的小刚头部。小刚当夜恶心呕吐，送医院治疗后花去医疗费、CT 检查费等共计 5800 元。后来经教育行政部门数次协调，最终三方签署协议书。学校一次性赔偿小刚医疗费及其他费用 5100 元，小亮一次性赔偿小刚医疗费及其他费用 1000 元。

（资料来源：学生伤害事故处理与案例分析 . http://1451.eduol.cn/archives/2008/585750.html.）

【思考练习】

1. 突发事件形成的原因有哪些？
2. 本案例突发事件发生的原因是什么？
3. 结合本案例，说说突发事件发生后，教师要处理好哪些关系？
4. 本案例中教师的做法有哪些不当之处？
5. 为避免体育课此类事件的发生，教师应如何去做？

【小组讨论】

小组讨论教师应如何预防校内活动导致意外伤害？举例说明。

【案例分析】

在此案例中可以看出，李老师对教学设备管理、使用不当。在教学中，对投掷实心球这样比较危险的器械应安排老师专门指导训练，不应让男同学自己去练习。此外，在事件发生后，教师应及时拨打120急救车，把学生送往医院检查、治疗。

使用危险器械的课程，包括诸如使用化学药品等有危险系数的课程，教师在课前要周密考虑，精心设计教学环节，制定安全防范措施，学校也应制定相关的安全条例；在实施过程中，要时刻绷紧安全这根弦，加强对学生的安全教育、操作规范教育，要求学生在学习和训练时务必增强安全保护意识，严格遵守行为规范和操作规范，保证教学任务的顺利进行，保障全体学生的人身安全。

案例 8

师生冲突

新华中学初三年级（5）班的王林同学，经常上课迟到、早退、不按时完成作业，甚至逃学。班主任和学校政教处领导多次找其谈话，但王林不思改正。2014年10月13日，数学老师秦老师在五班晚自习坐班，见王林抱头大睡，便叫其站起来。王林不肯，并顶撞老师。秦老师于是用手去拉他，遭到他的反抗与谩骂。在无法忍受的情况下，秦老师扇了王林两记耳光。当天晚上，王林打电话给家长，声称在校被老师暴打。经医院CT检查，王林脸部肌肉组织受损。于是王林家长召集一些家族人员到校，要求学校处分秦老师，向学生赔礼道歉，并支付全部医药费。最后，学校向王林家长赔礼道歉，赔偿了医药费，并给秦老师行政警告处分。

（资料来源：王德明.农村学校学生伤害事故的起因及预防.http://blog.ifeng.com/article/4949569.html.）

【思考练习】

1. 谈谈你对此事件的感想。
2. 如果你的学生经常犯同样的错误，你会如何处理？
3. 学生王林做法有错误吗？
4. 秦老师的做法恰当吗？
5. 谈谈你对学校处理此事件的感想。

【小组讨论】

结合本案例，说一说教师如何避免与学生之间的冲突。选派代表发言。

【案例分析】

按照我国法律规定，学校有责任保证学生在校期间的正当权益不受损害。如《中华人民共和国教育法》第三章第三十条第三项明确规定学校有义务“维护受教育者、教师及其他职工的合法权益”，《中华人民共和国义务教育法》第四章第二十九条也明确规定，教师“不得歧视学生，不得对学生实施体罚、变相体罚或者其他侮辱人格尊严的行为，不得侵犯学生合法权益”。因此，学校及教师应采取科学的方法对学生实施教育，不得采取体罚、羞辱等不良行为，以保证学生在校期间的身心健康。

案例 9

在老师眼里，你们都是好孩子

我刚走进教室，“报告！”“报告！”两只小手举了起来，“老师，我的圆珠笔丢了。”“我的字典找不到了。”两位小同学急得差点哭出来。我忙安慰他们：“别着急，仔细找找书包。”“都找过了，没有！”其他同学也说没见到。

“不会是自己飞走了吧？”我开玩笑地说，想调节一下气氛。同学们都笑了起来。我扫视了一下，只见学生张某笑得极不自然，一和我的视线相遇，便很快地躲开了。我不动声色地说：“下课时，请同学们帮着找一找，大家看，这两位同学多着急啊！”

快要放学了，丢的东西还没找到。我发现学生张某心事重重，走路故意躲着我。放学排队时我对同学们说：“今天两个同学丢了圆珠笔和字典，多难过啊！如果谁拾到了，就赶快送回来，老师、同学都不怪你。老师相信，你们都是好孩子。”

第二天上课时，我发现张某心不在焉，老走神儿。下课时，我把他单独叫到办公室，问他这几天上课怎么注意力不集中，是不是家里出了什么事儿呢。我再三询问，他才说圆珠笔、字典是他拿的，因为妈妈病了，爸爸顾不上给他买字典，正巧那天放学时，他发现桌子上的字典，便放在书包里。看到同学急得哭了，他真想给送回去，可是又怕同学因此瞧不起他。我拍着他的肩膀说：“只要知错就改，就是好孩子。老师一定给你保密。”“真的？”他抿着嘴笑了：“谢谢老师！”说完一溜烟跑了。从此，这个学生改掉了这个坏习惯，上课下课特别活跃，还被评为“三好学生”，后来考上了重点中学。

（资料来源：班级小偷案例分析 .http://blog.sina.com.cn/s/blog_4a2907b2010007xp.html.）

【思考练习】

1. 对于老师没有把学生丢失东西的事情扩大化，而仅仅做简单的思想教育一事，你是如何看待的？

2. 你觉得这位老师调查处理失窃事件的过程妥当吗？请评价老师的做法。

3. 试想一下如果教师没有替学生保守秘密，后果会如何？

4. 如果你是班主任，如何才能更好地防范班级失窃事件的发生？

5. 如果你是班主任，会如何对偷窃的学生进行教育？

【小组讨论】

以小组为单位，谈谈教师在处理班级成员财物丢失事件时应避免的误区。

【案例分析】

本案例中的教师一定对学生都有所了解，能看出哪个孩子反常，但却没直接做判断，而是进行了暗访，又找这个同学谈心，并替他保密。这个同学最后把东西交给了老师，以后的发展还是不错的。假如教师当初当众揭了他的短，同学们会对他另眼相看，他会背上“小偷”的罪名，这个耻辱会伴随他的一生，他的人生也许就此改写。所以说，尊重学生、爱护学生是教师的天职。每一位教师都应善待每一个孩子，包括有过错的孩子，因为在老师眼里，每一个孩子都是好孩子。

案例 10

恼人的手机

滏春中学初二年级（3）班的语文课上，在下课前十来分钟的时候，张老师让学生们做练习。他突然发现一个叫赵家林的学生正在玩手机。张老师责令他把手机交出来。他却置若罔闻，把手机放到桌子里。张老师当时很生气。赵家林这个学生的成绩属于中下等，学习态度不够端正。上学期他在课堂中玩手机时，曾被张老师发现过，并警告他下次再犯类似错误，就没收手机。他当时也答应了。没想到这次他却故伎重演。

在反复勒令其交手机无效后，张老师快步走到赵家林的课桌前，伸手去他的桌子里拿手机，他连忙阻拦。可是，手机最终还是被张老师拿到手中。张老师当时也考虑到翻学生抽屉是不合适的，但是被一股无名之火占据了头脑。

下课后，赵家林写了检讨，承认了错误。张老师仍然不解气，主要气愤的是他竟然敢阻挠自己拿手机，还影响了课堂纪律。之后，张老师问他家人的电话号码，但无论怎么问，赵家林就是一言不发。张老师知道他怕被家人批评。最后，张老师只好将手机暂且保管，待一段时间观其表现，再归还手机。

赵家林虽然写了检讨，可是对张老师的处理颇为不满。张老师批评了他好几次，还得为他保管手机，感觉心里也不舒畅。这两天张老师也一直为这件事感到郁闷。当然，他也觉得在处理这件事上有不妥当之处。

【思考练习】

1. 你上课玩过手机吗？

2. 上课玩手机的危害有哪些？

3. 现在中学生带手机到校呈现上升趋势。学校有权力禁止这种现象吗？

4. 学生在课堂上玩手机，教师有权力收缴学生的手机吗？结合本案例，评价一下教师处理此事件的方法。

5. 如果你是张教师，你有什么更好的解决方法？

【小组讨论】

假如你是语文老师，正非常投入地给学生讲课。突然，一位学生的手机响了。你会如何处理？

【案例分析】

随着生活水平的提高，家长为了方便与孩子联系，纷纷给孩子买手机。家长的初衷是好的，但是这些孩子使用手机除了一些必要的联系外，更多的是使用手机聊天、玩游戏等，再加上他们年龄小、自控力相对较差，导致在课堂上也忍不住玩手机。这种现象在校园里越来越多，由此产生诸多问题，令许多老师头疼不已。由于手机的使用已经严重影响到学习，许多学校不得不明令禁止将手机带进校园。

那么怎样才能解决这一难题呢？张老师没有找到有利于解决问题的突破口。他在课堂上没收学生手机的做法实际上是把教师和学生对立起来，从而出现了吃力不讨好的局面，既没有解决问题，又招来了学生对教师的怨恨，没有达到教育学生的效果。因此，教师一定要转变角色，在教学与管理中，教师是学生的指导者、点化者，要多站在学生角度考虑问题。发现学生上课玩手机时，教师不应采用过激方式训斥学生，要讲究语气、语调，注意教育方法，循序渐进，正确引导学生遵守学校的规章制度，让学生感觉到老师是在真心帮助自己。课下，教师要以“朋友”的身份多和学生沟通，让学生容易接受教师的引导和教育。

案例 11

“尴尬”的名字

新生入学报到，我在点名时，被“郑燚”这个名字难住了。第一个字已经读出口了，第二个字到底读什么呢？我想凭感觉读yán，又怕读错了，一时间觉得非常尴尬。最后，我问学生：“对不起，这个字我不认识，大家能告诉我吗？”说着我把那个“燚”字工工整整地写在黑板上。“老师，这个字读yì，我叫郑燚。”一个男生站起来大声说。伴着他响亮的回答，教室里响起了热烈的掌声。

【思考练习】

1. 你上学时遇到过类似的场景吗？你的老师是如何解决的？
2. 本案例中教师的做法效果如何？
3. 如果你遇到这个问题，会怎么去做呢？
4. 教师没有掩饰自己的缺点，会让学生看不起吗？
5. 这个案例给我们什么样的启示，请简要分析。

【小组讨论】

你还遇到过哪些因教师的失误引起的尴尬局面？小组讨论化解尴尬局面的方法。

【案例分析】

现在学生的名字中生僻字越来越多，出现不认识字的情况几乎每个老师都遇到过。首先，教师应坦然面对自己的知识盲点和缺陷，真诚面对学生，不掩饰自己的缺点，这样才能赢得学生的尊重和爱戴。教师要放下知识权威的身份，主动走下威严的讲台，和学生一样，树立终身学习的观念，与时俱进，不断学习新的知识。虚伪的“教育机智”应该摒弃，教育应杜绝虚假和掩饰。当然，如果教师能提前熟悉学生名单，就会很容易避免这类事件的发生。

案例 12

捣蛋的“小老虎”

一天，我给同学们上“华南虎”一课，正当大家沉浸在对老虎深深的敬意中时，忽然从教室的某个角落传来一阵尽量压低的笑声。循声望去，只见教室后面的一个角落，有一位学生正笑眯眯地向课桌底下看，而他的同桌——同学们公认的“捣蛋大王”却不知去向，在讲台上只能看到空空的座位。

“一定是钻到桌子底下去了。”我停止讲课，眼朝角落处看去。其他同学从我的举动中很快明白是有人在做与听课无关的事，于是都跟着我的目光寻找“肇事者”。可能是班级的顿时安静惊醒了那位“看客”，只见他迅速地转过目光，一本正经地看着我。与此同时桌底下的“捣蛋大王”也得到了信号，露出了他那颇具特色的大脑袋。为了不影响其他同学，我压住火气，说了一句“你们自己看着办吧”，便继续上课，但是我的眼睛总时不时地盯一盯那两个“肇事者”。两位在接下来的时间里异乎寻常地认真，回答问题的积极性也大大高于平时，也许是要以此将功补过吧！

为了搞清楚事情的原委，下课后，我将两位“肇事者”请进了办公室。经过询问得知，那个“捣蛋大王”被文中的老虎吸引，竟不自觉地钻到桌子底下扮演起了老虎，这当然会引起同桌浓厚的兴趣，于是便发生了课上的那一幕。听完他们的叙述，我很惊讶于“捣蛋大王”的创举，但又为他的不合时宜而生气。“该怎么办呢？”突然一种想法灵光一闪，“如果你是老师，你会怎样处理这件事？”我盯着平时很有些点子的那位“看客”问到。他的反应倒是挺快，“就让他在全班同学面前再演一次。”边说边手指“捣蛋大王”。“捣蛋大王”没说话，只是看着我，似乎等我做决定。“这主意很好。那你干吗呢？”我夸了“看客”后又追问了一句。“那——我——也表演吧！”“看客”有点无奈。“捣蛋大王”竟然很灿烂地笑了，也许这正是他所期待的吧。“你们打算怎样表演？”这句话引起了他们的兴趣，开始你一言我一语地讨论起来，聊得不亦乐乎。没过几天，同学们便欣赏了一出精彩的“笼中虎”表演。

（资料来源：冷静处理课堂突发事件——师德渗透在平日教学中．http://www.jxteacher.com.）

【思考练习】

1. 处理突发事件的原则有哪些？教师在处理此次事件时遵循了什么原则？

2. 在本案例中，教师采用了哪些处理突发事件的方法？

3. 谈谈本案例中教师处理突发事件的艺术。

4. 教师应如何正确对待班级里的“捣蛋学生”？

5. 简单评析本案例中教师处理问题的效果。

【小组讨论】

谈一谈“冷静”在处理突发事件中的作用和“不冷静”处理的后果。

【案例分析】

在本案例中，教师采用了冷处理的方法，课堂上不急于处理，只用一句话便把两位“肇事者”拉回正常的听课行为中来。课后，教师也尽量避免因老师的“话语霸权”和“思想霸权”而导致的不平等，而是给学生讲话的机会，让他们自己去解决问题，最大化地将坏事变成好事。在课后的处理中，教师尊重了实际，尊重了双方，效果显而易见。

在教学过程中，只要关心爱护学生，尊重学生的人格，平等公正地对待学生，无论遇到什么样的突发事件，教师均能顺利、圆满地解决。

案例 13

学生冲突事件

一天早上，我才到办公室，就见班长急匆匆地赶来向我汇报："老师，有同学打人了！"我急忙走进教室，看到书本和文具撒了一地，显然刚才有一场恶战。一位同学满嘴满脸都是血，显然是被打的那一位，而另一位同学则满脸不在乎地站在一边，而这位同学正是我们班上经常惹是生非的一位，各科老师对他都非常的头疼。他在初一时曾请假病休在家两个多月，刚进入我们班时，我曾深切地和他恳谈过一次，虽然他的整体表现比初一有很大的进步，但仍没达到令人满意的效果。这时，我意识到，也许这是一次教育的好机会。

我把他们两人带到办公室，先向那个被打的学生询问了整个事情发生的经过。在询问的过程中，我一直注意观察那个打人的学生，他既没有解释也没有反驳，还是那副满不在乎的样子。询问过后，我知道了完全是那个打人的同学寻衅，但我并没有急于批评他，也没有急于让那个被打的同学洗去脸上的血迹，而是让他们两个人面对面地站着，眼睛始终要注视着对方，终于过了大概五分钟之后，打人的那个同学对我说："老师，能不能让他先把脸洗一下啊？"我问他为什么让那个同学去洗脸，他回答说这样满脸是血站在办公室好像不怎么好。随后我就让那个被打的同学洗去了脸上的血迹。然后，我让那个被打的同学先回教室休息，接着分别打电话通知了双方家长，让双方家长来学校一趟。但电话中我只对打人学生的家长说明了情况，对被打学生的家长只说有点事麻烦他们来学校一趟。在打完电话等双方家长来学校的这段时间里，我没有对打人的学生说任何一个字，把他一个人晾在一边。

当双方家长来到学校后，我对他们说明了详细的情况，并对双方家长进行了劝解，打人学生的家长同意带被打的学生去医院检查，并且赔偿一定的误工费与营养费，而被打学生的家长也表示不再追究。随后，在办公室里，为了让学生进一步认识到错误，我当着学生和学生家长的面说："像你这样无缘无故就动手打人，而且还把别人打得出血，有你这种学生在我教室里，其他同学的安全没有保障，为了其他学生的安全着想，我不可能让你再进教室，你现在去收拾书包跟你家长回去吧！”打人学生当然不肯去收拾书包，那我就提出由家长去教室收拾书包，由于事先已经沟通好，家长很配合地去把他的书包收拾好了，并提出要带学生回家教育。这时，那个学生认识到了错误，开始认错以及保证。在他的一再认错下，我说：“我今天可以原谅你，但我对班级的其他同学没有交代，你说该怎么办？”他想了一会儿，然后提出在教室里搞民意调查，如果同学们同意他进教室，他就回教室，如果同学们不同意，他就回家反思。我同意了，同时也邀请家长作为见证。

（资料来源：丁娟.处理学生打架事件的一个案例.http://china.findlaw.cn/falvchangshi/jiaoyu/dououdajia/chuli/28851.html.）

【思考练习】

1. 在本案例中教师采用了哪些处理方法？
2. 请你总结一下这位老师成功处理这场冲突事件的原因。
3. 请结合案例谈谈学生家长在处理事件中所起的作用。
4. 处理突发事件应遵循哪些原则？
5. 教师妥善处理突发事件需要具备哪些能力？

【小组讨论】

引起学生之间矛盾的原因很多，请结合自己的所见所闻，同小组成员互相交流解决学生之间冲突的有效途径。

【案例分析】

以往在处理这类问题的时候，教师总是先问谁先出手，想辨出个谁对谁错来，孰不知这样一来，教师会不知不觉地卷入冲突的漩涡，学生不从自己所应承担责任的角度去考虑，而是相互指责。因此问来问去，也问不出个所以然，事情往往还会越搞越复杂，不仅影响教师的教育威望，而且牵扯了教师很多的精力。学生由于生活、学习在一起，相互之间难免发生矛盾和冲突。教育的关键在于学生要学会如何面对矛盾，如何处理矛盾，如何避免矛盾的发生。教师在处理类似事件中不是一个仲裁者，而应该是一个指导者，让学生自己去面对矛盾和由此带来的后果，反省自己在事件中所要承担的责任。情况严重时，对学生的教育及对某些事件的处理还要家校配合。案例中，教师没有对被打学生的家长提前说明情况，是不想他们带有怒气来到学校，影响对事情的处理。同时让学生和自己的情绪都平静一下，也有时间思考处理这件事的最好方法。教师和家长沟通时一方面要取得家长的支持，另一方面也要把事情控制住，尽量大事化小，小事化无。尤其是打架事件，被打一方的家长往往会控制不住情绪为自己的孩子出头。这时，教师一定要做好家长的劝说工作，争取得到家长的理解和支持，共同处理好此事件。

案例 14

学生自杀谁之过

2012年10月，永泰中学的期中考试结束了。老师们经过一个周末紧张的评卷，学生的各科成绩出来了。作为初二重点班的班主任，杨老师也牺牲了周末的时间，收集、统计各科成绩，并按成绩高低排出了名次。星期天的晚上，学生回校上晚自习，杨老师抱着高度的责任感，立即找到了班中成绩最差、退步最大、平时很好动的学生梁燕到办公室谈话。当时，杨老师情绪较激动，因为这是他第一次看到本班的学生五大主科中有四科不及格的现象。此外，学校在"创优争先"活动中，他们班未能获得"流动红旗"的原因也是因梁燕而造成的。杨老师把排名榜拿给梁燕看，并抑制不住情绪就骂了起来："你怎么搞的？要不要面子，考了这样的成绩你不如死了算了……"梁燕本来看到成绩很差已经感到很羞愧了，可班主任在几个老师面前骂她去死，一气之下她真的走出门口从三楼走廊跳了下去。随着一声惨叫，梁燕摔在地上昏死过去。事后，梁燕经学校及时送到当地医院抢救，挽回了性命，但双脚造成粉碎性骨折。后来，家长起诉至法院，要求赔偿损失并要求对杨老师判刑。

【思考练习】

1. 近年来，一些在校学生因为各种原因自杀身亡，其结果不仅令其家属伤痛，也让我们深深地惋惜不已。试分析本案例中学生自杀的根本原因是什么，谁又应承担这个责任？

2. 在本案例中，杨老师犯了哪些过错？

3. 杨老师应承担什么样的责任？

4. 你认为，发生这样的悲剧，学生需承担责任吗？为什么？

5. 根据所学知识，分析导致悲剧发生的主要因素。

【小组讨论】

你是如何看待学生自杀行为的？请讨论一下避免学生做出极端事件的策略。

【案例分析】

近年来，在校学生自杀身亡事件呈逐年增多态势。这是多方面因素影响下导致的悲剧。一是学生心理太脆弱。现在学校都在倡导学生不要“死读书，读死书”，要知识与能力共同提高，也要提升心理素质和与外界交往能力。可现在有的学校和家长往往只重视学生的学习成绩，而忽视了学生的心理素质与年龄、周围环境的同步。认为只要学习好，一切就都好了。这恰恰造成了部分孩子的不均衡发展与抗压能力薄弱。一旦遇到不顺心、较大压力的事情，就往往承受不住造成严重后果。二是学校教育方式不得法。老师也是从学生时代过来的，部分老师也许会认为：我当学生的时候老师就是这么严厉教育我的，通过学从师教的传承，延续到了这一代。可毕竟时代不同了，教育观念也要随环境而改进，现在的孩子多是独生子女，因被家长宠爱故很少遇到挫折，教师对于这类学生在课堂上犯的错误，应当多加引导，少严厉批评，多实行人性化教育，少些惩罚性措施。教师平时要加强对学生进行一些心理健康教育，随时掌握学生的心理活动，这对促进教学、提升学生成绩和能力都有事半功倍的作用。

案例 15

学生被打之后

周三，我照例去教室检查学生的晨读情况，班长匆忙跑到我跟前，焦急地对我说："于老师，不好了，张明被人打了！"

我吃了一惊，赶快跑到教室。"那个人说张明昨天打他家小孩，刚才带小孩来指认的。""刚才张明被他从座位上拉出来用皮带抽了两三下呢！"同学们七嘴八舌地汇报情况。

"他人呢？"我发现张明竟然不在教室，觉得情况不妙。学生说张明被那个大人带到教室外的绿化带了。我转身直奔到门外，果然见一个瘦高个的男人凶巴巴地对着张明，手里拿着一尺长的两根对折的电缆线。张明背靠墙壁，脸上挂着泪滴，左边太阳穴竟然有两道凸起的粉红色的鞭痕！我急忙拉过张明。"请问你有什么事？怎么能打孩子呢？"我知道孩子受到了威吓，所以强压怒火，尽量用温和的语气询问那个男子。

"哼！你是他老师啊？他昨天把我儿子的脸都抓破了，真是欠打！我刚才找你们校长没找到！"他东一句西一句地嚷道。

"哪个孩子被欺负我们都心疼，老师一定会弄清原委处理好。你不服气可以找校长，但是为人父母，你怎么能打小孩呢？你这样做是犯法的，你知道吗？如果他家长知道了不是更激化矛盾，解决不了问题吗？"这个男子理亏，狡辩地说没有打他。我说："你放心，我们一定会调查处理。"并劝他赶紧离开，看着张明脸上的印迹，虽然不是很严重，但我想到在全国连续发生了几起危害校园安全的恐怖事件，想到一个校外社会人员竟然堂而皇之地进入校园，还在全班学生面前鞭打一个弱小的三年级学生！门卫是怎么放他进来的？孩子们面对突如其来的暴力，为什么不懂得自救？如果这件事处理不当会给孩子们留下怎样的心理阴影……我脑子飞快地转着，几秒钟后，我果断地把张明带到办公室，立即用手机把他的伤痕拍了下来，然后告诉了校长并打电话报了警。

我后来通过门卫了解到，起初门卫不让他进校，但他称要找某个老师，门卫一时疏忽便让他进来了。后又与学生了解，原来是头天放学路上张明的姐姐看不惯男子的孩子辱骂女同学，便教唆张明踢了他孩子一脚。弄清了事情原委，我立即将详情告知张明的妈妈，并让她好好配合教育自己的孩子尤其是女儿。至于那个男子及其小孩，由其班主任来沟通教育。当我让派出所的同志看过照片证据后，他们非常重视，第二天专门派两名警员来学校，分别对我和班里的目击学生以及当事人逐一调查询问，做好笔录，取证完毕后立即把肇事者给拘留了。

（资料来源：颜玉婷：《学生被打之后》，载《班主任之友》，2012.）

【思考练习】

1. 遇到校外人员殴打班级学生，你会如何处理？
2. 评价这位班主任的做法。
3. 在本案例中，张明和她的姐姐有过错吗？为什么？
4. 打人家长应承担什么样的法律责任？
5. 学校为避免此类伤害事件的发生需要采取哪些措施？

【小组讨论】

设计一个有关防范校园外人员伤害学生的班会活动方案。

【案例分析】

近年来，危害校园安全事件频发，为了切实加强学校安全防范工作，确保师生安全，学校首先要切实加强学校门卫防范工作，严格落实外来人员准入登记制度，防止来历不明人员进入校内，制定专门应急预案，发现异常情况，要迅速处置。必要时要借助公安机关的力量来落实校园安全防范各项工作，妥善处置与师生切身人身安全的问题，切实维护中小学校安全稳定。教师面临类似的突发事件时，一定要冷静、妥善地处理，积极调查原因，找到问题的症结，积极和当事学生家长进行沟通。应客观地向家长告知事件的缘由，对被打孩子家长给予安抚，分清责任，慰藉小孩子的心理，免致扩大事端。而更主要的是与打人孩子的家长沟通，要劝说孩子与同学友好共处，尽量避免出现事故责任。此外，对那些危及学生人身安全的事件要及时报警，对受伤学生要及时送医院检查治疗，避免恶性事件的发生。

参考文献

[1]班华，高谦民．今天，我们怎样做班主任——优秀班主任成长之路[M].上海：华东师范大学出版杜，2005.

[2]曹长德．当代班级管理引论[M].合肥：中国科学技术大学出版社，2005.

[3]丛玲玲．谈谈班级管理中的突发事件处理艺术[J].读与写（教育教学刊），2012(1)．

[4]邓艳红．小学班级管理[M].上海：华东师范大学出版社，2010.

[5]李兵．中小学班级突发事件特点及防范策略[J].成功（教育），2013(9)．

[6]李素敏．新时期班主任工作技能强化训练[M].北京：中国林业出版社，2011.

[7]李伟胜．班级管理[M].上海：华东师范大学出版社，2014.

[8]刘万红．班主任应对和处理突发事件的原则[J].赤子（中旬），2013(8)．

[9]齐学红．今天，我们怎样做班主任——优秀班主任成长之路[M].上海：华东师范大学出版社，2006.

[10]唐为民，林兆森．初中班主任工作精彩案例[M].北京：开明出版社，2007.

[11]陶行知．陶行知文集[M].南京：江苏教育出版社，2008.

[12]熊华生．班级管理智慧案例精选[M].上海：华东师范大学出版社，2012.

[13]颜玉婷．学生被打之后[J].班主任之友，2012(1)．

[14]王震刚．班主任素质与行为[M].长春：东北师范大学出版社，2010.

[15]吴志樵，刘延庆．班主任怎样应对班级突发事件[M].合肥：安徽人民出版社，2012.

[16]袁振国．当代教育学[M].北京：教育科学出版社，1999.

[17]张作岭．班级管理[M].北京：清华大学出版社，2010.

[18]张作岭，姚玉香．班级管理案例教程[M].北京：清华大学出版社，2015.

[19]赵坡．班级管理实践指南[M].上海：华东师范大学出版社，2013.

[20]周瑛，李晓萍．教育学[M].沈阳：辽宁大学出版社，2008.

[21]诸东涛，周龙军．班主任工作理论与实务[M].北京：首都师范大学出版社，2013.